子どもの才能を引き出す

天才IT相オードリー・タンを育てた

母の教育メソッド

李雅卿 著
Lee Ya-Ching
ワン・チャイ 訳

日本実業出版社

The Seeding School
by
Lee, Ya-Ching

Originally published in Taiwan in 1997 by Yuan-Liou Publishing Co., Ltd., Taipei.
Japanese translation rights arranged with Yuan-Liou Publishing Co., Ltd.,
Taipei through AMANN CO., LTD., and The English Agency (Japan) Ltd.

編集室から伝えたいこと

本書の原書名は『種籽手記』です。著者、李雅卿が1995年に創設した自主学習の小中実験学校の記録です。種籽親子実験小学（種籽学苑。本書では種子学園と表記）は今も存在します。保護者によってつくられた、台湾唯一のオルタナティブ教育学校です。学校は教師陣によって運営され、子どもたちも積極的に学校づくりに参加します。

日本語版の書名、本文レイアウト、宣伝は日本の出版社が日本市場に合わせてつくりました。

どの1粒の種にも1つの生命が宿されていて、大自然からの滋養を受けるのを待っている。

陽光、水、土壌に含まれる養分を吸収するだけではなく、枝や葉を大きく広げ、伸ばしていくことができる空間をも必要としている。1人ひとりの子どもも種と同じだ。子どもに吹きつける雨風を恐れるあまり、彼らが本当に必要としている陽光と水を遮断することはやめてほしい。

また、期待を高く持ちすぎて弊害を助長してしまえば、彼らは深くしっかりと根を張ることができず、強い風がひと吹きすれば根っこごと倒されてしまうこともあり得る。

現代の子どもたちの顔から天真爛漫な笑顔がだんだん消えていき、それに代わって多くなってきたのは、ヒステリックな態度か、または消極さである。多くの保護者たちはこんな様子にあたふたしながら、どこから手をつければ愛する我が子を助けられるのかわからず途方に暮れるだけだ。
「種子学園」はこのような保護者たちによって創立された。子どもの成長過程に問題があると知り、さまざまなアプローチで積極的に子どもを助けようとしていったが、最後には驚くべきアイデアに突きあたった。それは、自分たち自身で理想の学校を創設し、我が子に適した学習をさせるというものだった。

この「教育改革」の運動の波は止まることを知らない。上からの改革は、全体が膨大で複雑な教育系統の組織に阻まれてしまい、実行が難しい。それに枝葉末節にこだわる形ばかりの改革は、往々にして大きな問題を抱えた全体の環境にはさして力にならないのだ。それに対して種子学園の保護者たちは下からの改革に着手し、従来型教育の壁を乗り越え、まったく新しい教育方式を構築していった。

これは壮大な実験で、「愛」を促進剤とし、保護者自身および無私の、あるいはボランティア精神によって提供された社会リソース（たとえば学校の敷地や設備の提供、学校の顧問）による支援を受けながら、子どもたち1人ひとりの本来の学習状態——世界に対する大いなる好奇心と冒険心を宿した精神を取り戻そうと試みた。こうした取り組みが進むにつれ、子どもの心に大きな変化が見られるようになっただけでなく、参加する大人たちも少しずつ成長していった。

本書は、生き生きと、そして躍動感に溢れたタッチで、保護者と子どもたちが一緒に努力を重ねてきた歩みを記録し、烏来《ウーライ》（訳注：台北の南部、新北市に位置する風光明媚な街。台北から車で1時間ほどの場所）の山間部に位置する教育改革実験小学校の真実の姿をくっきりと描き出している。また、種子学園や教育改革に関心を持つ読者に、台湾にはこのような改革の可能性の余地があることを伝え、子どもにとって最適な教育方式とは何かを真剣に考えさせてくれる。

著者の豊かな感情に溢れる美しい文章によって、種子学園が子どもたちへ向ける尊重と信頼、種子学園が子どもたちの言葉に耳を傾け、行動を細やかに観察することで、1人ひとりの子どもに合った学習方法を探し出そうとしている姿が見て取れる。さらにさまざまな学習課程では、知識を注ぎ込むという基本的な目的以外にも、生活上の実用性や、自立した思考を育む必要性に重きを置いている。

すべての子どもたちがこのような洗礼を経験すると、学ぶことはおもしろいし、役に立つものだと考えるようになる。そして自信満々に、そして楽観的に未来へと向かっていく。

著者の考え、「生命を実感すること、それが愛を知ること。本当にそれだけなのだ」のとおり、教育の出発点とは本来そんなふうにシンプルなものなのかもしれない。

閔慧《ホンミンフォイ》

子どもの才能を引き出す　目次

第3章 耳を傾け、受け入れ、成長すること

第4章 恐れないことと責任を負うこと

ブックデザイン｜志岐デザイン事務所（萩原 睦）
DTP｜ダーツ
翻訳協力｜インターブックス
帯写真｜©Audrey Tang
Illustrations｜Freepik.com

序文　天地を師とし、師を友と為す

丁凡《ディンファン》

私の幼い娘、蛮蛮《マンマン》は民国85年（1996年）2月に種子学園の3年生に転校した。こんな展開になるなんて、と周囲はみな驚いた。娘は、在籍していた学校でも勉強はよくできていたし、先生も素晴らしい人で、娘を可愛がってくれていた。ではどうしてこんな180度の大転換をしたのか？

実は、蛮蛮の転校に関しては2年以上も考え続け、その間ずっと種子学園の発展を見てきた。始まりは、雅卿《ヤーチン》が我が家のリビングで、子どもの不登校に関してたくさんの悩みとやるせなさを語っていたことからだ。彼女は話しているうちに、顔を上げて豪快にこう言い放った。「もういいわ。自分たちで学校を創るから」。

そのとき、私は懐疑的だった。学校ってそんなに簡単に創れるものなのかしら？　この世界に、学校を創ることを実現できる人って本当にいるの？

子どものために雅卿はそんなことにはかまっていられなかった。多くの保護者に声をかけ、本当に学校の敷地を探し始め、寄付を募り、新聞にも広告を出した。創立に関わった保護者の多くは芋虫児童哲学基金（訳注：台北市にある子どもの哲学探究のための財団法人）で講義を受けていた子どもの保護者たちだったし、基金会の賛同と資金援助を受けたこともあって、学校は「芋虫学園」と名づけることとなった。

当時、本当にたくさんの出来事があった。初めての生徒募集の説明会には私も行ってみたが、壇上で顔を輝かせている雅卿を見ていると、私の心は祝福、敬服、憧れ、そして嫉妬が入り混じったものでいっぱいになった。

だけど私は仕事もしないといけないし、それに家もひどく離れているから……。そう考えることでうらやましさで乱れる気持ちを押し込んで、黙って祝福していた。

その後、2年以上にわたって、私は雅卿とよく顔を合わせていたが、会って話すのはいつだって学園のことばかりだった。雅卿の心と生活にはもうほかのものが入り込む隙間もないほどだった。しかし彼女はいつも生き生きとしていて、楽観的で、やる気満々だった。私は彼女の眉宇の間から、学校運営には必然的に存在するのであろう困難、奮闘、争い、疲労、さらには教育理念の違いによってしかたなく「種子学園」と改名しなければならなかったやるせなさを、かすかに感じ取ることができたに過ぎなかった。泣き言など雅卿が口にするはずもないのだ。

その当時、蚕蚕にも変化が生じてきていた。元気いっぱいで快活だった娘が、だんだん元気がなくなってきていた。情緒が不安定になり、ちょっとしたことで泣き出し、しかもいったん泣き出すといつまでも泣きやまなかった。テストがあるときは、毎晩悪夢を見るようになった。蚕蚕の成績は悪くはなかった。いつも上位10番くらいの位置にいたし、先生や同級生たちもみな、娘のことがとても好きだった。その学校をやめてから1年たっても、何人かの同級生は、来年には蚕蚕が戻ってきて一緒に学校で過ごしたいなと、作文に書くほどだ。

蚕蚕の抱えていた問題は、彼女には主流の教育方式が合わないということだった。蚕蚕は自分のやり方、自分に合った速度で学ぶ必要があった。従来型教育のやり方、速度で学んでいった結果、どんどん自信を喪失し、学習に対する興味自体をなくしてしまった。授業中、蚕蚕は退屈しのぎに水筒からちょっぴりちょっぴりと水を飲み続けていた。まるでその命が1分1秒ごとに削られるかのように。そんな時を過ごしていたのだ。

私たちは決めた。子どもの命をこんなふうに「削る」ことはもうやめようと。私は仕事を辞し、蚕蚕を連れて種子学園に飛び込んだ。

この1年で、私たちは願っていたすべてのものを手に入れることができた。蚕蚕に笑顔が戻り、ヒステリックになることも日ごとに少なくなり、自信も取り戻し、身体も健康になってきて、家のなかを渦巻いていた暗雲が消えていった。私たちは種子学園で生まれ変わったと言っても過言ではない。

こんな魔力を備えている種子学園とは、どのような学校なのか？　具体的でより説明しやすいところから話を始めることにしよう。

種子学園では小学校1年生から6年生までの子どもを受け入れている。台北県烏来郷の娃娃《ワーワ》谷《グゥ》にキャンパスがあるので、台北市内からの通学にはかなり遠いが、学校には宿舎もないため、子どもたちはバスで通学するしかない。子どもによっては、車酔いを起こしたり、乗り換えの必要があったり、毎日片道3時間半もかかる道のりを通学したりしなければならない。したがって、一部の保護者たちは思い切って学校の近くに引っ越した。通学はかなりたいへんだが、みんなの決心は少しも揺らぐことはなかった。

この学校は小さく、60名を上限にしていて、教師と生徒の比率は1：7を維持している。学年で分けることなく、担任の先生も子どもが自由に選択でき、各科目でのクラス分けも子どもの学習程度と個性によって決定される。

ハード面での設備では、大きく素晴らしい図書館が1つあり、蔵書も豊富、光の採り入れも十分だ。また、実験室が1つ、厨房が1つ、小さいが素晴らしい自然博物館も備わっている。

さらに開放型の音楽教室と美術教室が各1室あり、子どもはいつでも利用できる。そのほか、授業に利用される普通教室が6室、事務室が1室あるが、それ以外に個人用ロッカー、バスケットコート、広場、舞台、芝生、砂場、そしてクライミングと遊びの器材が備わっている。

種子学園では、生徒は科目の選択履修ができる。国語と数学は必修科目となっているが、そのほかは選択科目だ。学園が開講している選択科目には理科、物理・化学、体育、バスケットボール、美術、音楽、演劇、生命科学、数学の考え方、手工芸、調理、農芸、英語、地理・歴史、野外サバイバル、工作、タイヤル文化（訳注：タイヤル族は台湾原住民の1つで、台湾中北部の山間部に居住している）などがある。子どもたちはこれらの科目を自由に選択でき、たくさん選択しても少しだけ選択しても、あるいはまったく選択しなくてもかまわない。また、釣りクラブ、真仮仙劇団《ジェンジャアシエン》、映像クラブ、生活討論会主席団、裁判官団などのクラブ組織もある。

種子学園には2つの法制組織が存在する。「生活討論会」と「法廷」だ。

生活討論会は実務的な討論と決定を担うもので、毎週金曜日に開かれる。大人子どもの別なく誰もが議案を提案でき、十分な説明と討論の後に採決に付される。学園に在籍する誰もが、やはり大人子どもの別なく等しく1票を有している。

法廷は規律の維持を担うもので、毎日、昼に開廷する。誰でも訴えを起こすことができ、訴状には「原告は誰か」、「被告は誰か」、「いつ、何が起こったのか」、「どういった証拠あるいは証人が存在するか」などを書き記す必要がある。弁論に自信がなければ、代わりに説明してもらう代理人を立てることもできる。

生活討論会を通じてみんなで裁判官を選出するが、選任された裁判官には大人ばかりか子どももいる。3人の輪番制裁判官による合議審が開廷される。裁判を開く前に裁判官によって案件を討論し、裁判でどのように処理するべきかを決定してから開廷となる。法廷では裁判官がまず案件の調査結果を発表し、当事者双方の弁論へと進み、次に証人尋問、最後に判決を言い渡す。

判決内容はそれほど恐ろしいものではなく、とても合理的だ。たとえば、お互いに謝罪する、相手の掃除を手伝う、損害賠償、事務室の下働きなどだ。重大な案件では、翌日は1日家で反省し、相手と仲よくなれるという気持ちになったら登校する、というもの。一番厳しいのは、自宅で1週間自習するといったものだが、いまだかつてこの厳しい罰則が科せられたことはない。

法廷でも生活討論会でも雰囲気は温かく、支え合い、友愛に満ち、笑い声が飛び交う。事実、学園の雰囲気とは総じてこのようなものだった。学園を来訪するゲストも、先生と子どもたちの親密な様子に驚きを隠せない――子どもが先生の懐に包まれながら冗談を言い合う学校はほとんどないからだ。

種子学園の教師にはそれぞれ異なる長所があるが、共通点が1つある。それは、本当に子どもを愛し、子どもを理解し、いつも子どものために考えていることだ。

種子学園にはまだまだたくさん独特の個性があるが、ここですべてを言い尽くすことはとてもできない。だから、読者のみなさんには本書を読み味わってもらうしかない。本書を通じて、種子学園の全貌を掴むことができるのではないだろうか。

丁凡：台湾大学植物学部卒業、アメリカ・ジョージア大学遺伝学修士。中央研究院分子生物研究所を経て種子学園学園長を歴任。

まえがき

種子——台湾独自の教育実験プロジェクト

誰かに出会うと、決まってこんな質問をされる。

「種子学園は台湾のサマースクールですか?」

「種子学園はドイツのシュタイナー教育系統の青少年自然の家でしょうか?」

「種子学園は保護者参加のアメリカのボランティア学校ですか?」

「種子学園は〝実践による学習〟を強調する芸術学校ってこと?」

「種子学園は日本の緒川小学校(訳注:愛知県東浦町の町立小学校。オープンスクールを設け、指導の個別化、学習の個性化を目指した)なんでしょう?」

私はいつも誠実に答える。「そうでもあるし、そうでもないですね。〝種子学園〟はすべての教育への理想、大いなる願望を集めた新しい芸術総合体です。台湾独自の教育改革実験学校なのです」と。

私がこんなふうに言うのは、ほかの人が創った学校に何か問題があるとか、自分が創立に参加した学校に対する自負心からではけっしてない。私はただ学校創立当時の保護者たちの考えや、この3年間にわたる実際の運営と改善の歩みに忠実であったに過ぎない。

学園の創立に関わったすべての家庭はきっと忘れることはないだろう。初めて種子学園の未来構想を描き出したとき、私たちは前述したようないくつかの異なる学校の特徴も念頭に置きながら、それらをそのまま移すのはどうかと考えていたのだ。しかし、どの学校の教育理想も確かに素晴らしいが、台湾には台湾の時空的・文化的な制限がある。結局、私たちはみんなでこう決めた。

「私たちはいかなる権威的なものも導入しないことにしよう」

そうして保護者、教師、子どもたちは、徐々にではあるが、台湾に最も適した教育モデルをつくり上げていったのだった。

1994年9月から96年7月まで、学園長の任にあった約2年間、私が重点的に力を注いできたのは、この教育モデルの空間と機会を維持すること、学園の活動に参与してくれた生徒、教師そして保護者に、教育モデルづくりの模索と実験を体験してもらうことだった。96年8月、私は学園長の職を辞したが、今でもやはり種子学園の教師の職を奉じている。創立して3年で、種子学園はようやく自らの姿を確立したのだった。

学園では、国語と数学は必修と決められているが、生徒が自分で選択する科目がある。教師に対する監督制度があるが、審査委員会が教師の専門的自主性に干渉することは禁止されている。

法廷制度があるが、授業秩序に対しては法廷の審理範囲から除外されている。全校の誰に対しても平等な生活討論会があるが、子どもの安全に関わることは学園長が拒否権を有し、すべての討論内容を覆すこともできる。

学園は政府機関と専門的自主性を争っているが、行政上の規制を受けている。生徒はクラス担任を自ら選択でき、さまざまな年齢層からなるクラスを形成しているが、1年生はクラス担任制を採っている。

このような折衷型のやり方は種子学園には至るところに存在する。私はよくこう言っている。「実際のところ、種子学園は本土化教育（訳注：「本土化」は台湾を「中国」の一部とみなさず、台湾の実情に即して改めていく動き）への大いなる追求なのです。つまり、台湾の現在の社会条件のもと、各種の教育理想をバランスよく追求しているのです。子どもたちの自由な学習と大人による指導とのバランス、親の教育への参加と教師の専門的自主性との間のバランス、尊重と放任、自由と規律、自然と人文の間のバランスというような」。

種子学園の理念は、私が今まで見てきた教育理念のなかで、最も現実的な運用を目指すものとなっている。

ときどき、保護者や記者がこんな鋭い質問を投げかけてくる。

「種子学園はあなたの理想とする学園でしょうか?」

たいてい私はこう正直に答える。

「私の理想とする学校は、台湾の今の状況下では実現は叶わないでしょう。しかし、今の種子学園は台湾社会での最高のモデルとは言えるかもしれません。なぜなら種子学園は多くの人々にとって安心できる教育方法を採用しているからです」

台北県で開放型の教育を目指す学校が種子学園の制度を取り入れても、実行困難に陥らないのは、起こり得るすべての困難はもうとっくに種子学園という小さく誠実な実験場で発生していて、その調整も完了しているからだ。しかし一般の従来型学校において、子どもの異質性は種子学園のそれよりも絶対的に小さい。なので、種子学園で行い得る制度が普通の学校で定着できないというのは、参加者の理解が中途半端であるか、心理的な恐れが大きすぎる、あるいは規模的な違いをうまく調整できないということだろう。

この3年間、多くの親が種子学園を子どもの教育医療センターとみなしてきた。子どもの「傷が癒えたら」、自ら適切な親子間の交流モデルを見つけ出し、学区の公立小学校に戻っていっては、また主流の価値観へと合流していく。また、ある保護者は長時間の通学に耐えられず、あるいは子どもの自分なりの考えが強くなりすぎて社会に適応できなくなるのを心配して「適切な時期」に子どもを連れて種子学園を離れていく。

学費を支払えずしかたなく退学する子や、さらには自覚が備わって、別の世界を見てみたいという思いから、先生たちの祝福を受けて従来型学校へと転校する子の例もある。もちろんここを卒業して、将来は学校に戻って子どもに教育を施したいと思う子もいる。種子学園の先生たちは、校内のあの美しいアオカエデが静かにたたずみ、木陰に来る者たちに寄り添ってくれるように、そんな子どもたちに寄り添って歳月を過ごしていく。

政府に種子学園への支援を求めたとき、私は何の恥じらいも感じなかった。種子学園は本当にすべての従来型教育のための改革実験場だからだ。もし、この社会がはっきりと物事の判別がついているなら、代価が最も低い教育改革実験学校を取り消したり、変容させたりするはずがない。本当のところ、当時の種子学園創立は教育の理想を追い求める保護者たちによってなされたものだったが、これまでの運営によって、種子学園はすでに台湾の社会的資産というべきものとなっている。だから種子学園の存続を保つことは、社会全体の責任とさえいえるのだ。

　ここでは普通の子ども、肢体不自由の子ども、精神疾患や知的疾患、学習障害を抱える子ども、そして天才的な資質を有する子ども、それらの誰もが自分に適した学習方法を見つけることができるし、心からの手助けを最大限に得ることができるばかりではなく、お互いに心地よく過ごすこともできる。これこそ私が重視している点であり、社会貢献を可能にするものなのだ。


　私は常々考えている。種子学園のような不利な条件を集大成したような学校――経費さえままならず、学費は自費、栄養に富んだランチもなく、宿舎もない、そのうえ、キャンパスは烏来の山間部にあり、通学が極めて困難、そんな学校がいまだに存在し続けている、これは台湾社会の奇跡ともいえることだと。

　やることは多い、給料は安い、家からは遠い、そんななかでこんなにも多くの若く優秀な先生たちが学園に残ってくれている。希望が失われず理想がまだ存在する、鉄の証ではないか。人生の何かの縁で運よくこの教育プロジェクトに参加でき、こんなに多くの友人と知り合えたことには感謝の思いしかない。将来、種子学園はもっと発展するし、変化していくはずだ。

　本書が記録している内容は1996年2月から1997年2月までの種子学園の様子だ。だからもしも今、種子学園を訪問したら、校内の配置が換わっているだろうし、学園長も子どもたちも変わっている。変わっていないのは、先生と子どもたちの間の効果的な交流、創立の精神、それにだんだんはっきりしてきた種子学園の個性と風格だろう。瞳は星を見つめ、両足で大地をしっかり踏みしめて、一歩一歩前に進んでいくのだ！

イントロダクション

種子の物語

烏来の高い山々の間に「娃娃谷」と呼ばれる美しい谷がある。その谷の傍らに、「種子」という名の小さい学校があり、理想的な教育を求める大人と子どもの一団がいる。ここは子ども自身がその創設に参加し、クラス担任を選択し、履修科目も選択する学校だ。

そこでは、誰もが自分の心の色をそのままに留めて、他人をどう受け入れるか、どう協力するかを学ぶことができる。そこでは、誰もが最大の自由を享受できるとともに、そのことに完全に責任を持つ。この2年間、学園はシンプルでぼんやりとした構想から出発し、少しずつそれなりの個性と風格、やり方を身につけてきた。今、この学校は種子から芽生えたばかりの新芽のようなものだが、その成長のなかで味わう苦しみと喜びを、みなさんと分かち合いたい。

種子学園の紹介

1. どんな学校?

——民国83年（1994年）2月、保護者が発起人となり創立された教育改革学校。

——政府に認可され、生徒は戸籍の異動なく学籍の保持が可能。

——人格育成教育を重視、自分を理解し、受け入れ、愛することを目標とし、話に耳を傾け、交流し、協力し合い、子どもの自我を高めることを手段とする。

——権威を振り回さない教師、教師と生徒の間には笑顔が絶えない。

——点数での比較がなく、成績による競争もなし。

——週休2日、土曜日は休日。

——ひと言で言えば、「生きている」学校。

2. カリキュラム

(1)学科

——生徒は学習の進度によってクラス分けされ、年齢でのクラス分けはない。

——必修科目：国語（訳注：台湾で話される標準中国語）、数学

——選択科目：文学鑑賞、英語、理科、物理・化学、美術、生命科学、地理、歴史、数学の考え方、音

楽、楽器、合唱、体育、バスケットボール、野外サバイバル、タイヤル文化、工作、総合工事、調理・家庭科、演劇、農芸、手工芸、釣り、映画鑑賞、キャリアデザインなど。

——教師は教材に関する専門的自主性を有し、知識の伝達だけではなく学び方により力を注いでいる。

——授業での討論を重視することにより、のびのびとした思考の啓発を促し、学習内容にも上限を設けない。

——生徒の興味と各人が持つ能力の違いを尊重する。

⑵学校生活

——生徒自らが担当教師を選択。

——学園の規則は生活討論会で決定。生活討論会には教師、生徒ともに参加し、各人等しく1票を有する（現在の規則は生徒手帳を参照のこと）。

——教師は子どもの言葉に耳を傾け、物事の背後の原因と道理の理解に努める。

——問題が起こったときには、大人は柔軟に判断して、できるだけ学園の法廷に訴えないようにし、善意をもって子どもに対応する。

——子どもが討論によって問題解決を図れるよう手助けする。

——人間関係の改善により、自分の個性を保てるようにし、他人への「尊重」と「協力」を学び取る。

——シンプルな生活スタイルを奨励、自然保護にも注力。

——団体指導活動の実施。

3. 環境

――娃娃谷信賢小学校跡地。烏来から車で15分、バスは1日3便。学園のスクールバスでの送迎有り。

――現在の教室は7教室、加えて国語専門教室、数学専門教室、物理・化学実験室、美術室、音楽教室、視聴覚教室、開放式図書室、生徒実習工場、実習農場、事務室、標準型バスケットコートがある。杉林、渓谷、山々に囲まれ、近くの自然歩道にはたくさんの鳥、昆虫、チョウ、カザリシダ（訳注：台湾に分布する太い根茎が特徴のシダの一種）が生息し、ときどきコウモリが林を飛び回るのも見ることができる。

4. 教師

――専任教師7名。そのうち女性5名、男性2名。国語、数学、理科から芸術に至るまで文武両面を網羅している。教師たちは高等専門学校から修士までの学歴を持ち、誰もが教育に大きな理想を抱いている。教育に真剣に向き合い、その態度はオープンだがだらけておらず、おっとりしているが緩みすぎていない。

――教育実験に協力しているタイヤル族男性教師1名、彼はどんなところでも家を建てたり狩猟したりできる。

――兼任あるいは講座担当の教師は高等学校および大学の教師を外部から招聘。

――定期的に教師への研修会を開催。

——教師と生徒の割合は1対7。

5. 卒業後の進路

——国語と数学の基本的な学力および自主的学習能力を備え、良好な人間関係を築くことができる子どもは、いかなる環境下でもよい影響を与え合うことができると信じる。

——考えがしっかりしていて、普通の学校でも、従来型学校に属しない青少年学校でも、さらには自宅学習であっても、自分で何をしなければならないか、どのように実行するかを知っている。

——周囲との協力関係が困難な場合、学園は子どもを保護者と一緒に過ごさせる。

6. 保護者

——学園とともに子どもへの教育に責任を持ち、親と教師との共同作業を積極的に実施。その内容は、学園の理念を理解し、子どもを助けて学習計画を考え、実行すること、および教師との面談会への出席を含むものとする。

——親子関係の反省、およびより健康的な教養と態度を身につけること。

——保護者会を組織し、代表を選出して「審議委員会」や「学園委員会」に参加し、時間、心、金銭を投じて、ともに学園の更なる発展のために努力する。

7. 入学準備

――「スタートで負けるな」というエリート意識を捨て去り、子ども自身が学習速度を決定することを期待する。

――子どもを信じ、子どもには主体的に学習に臨む能力があると信じ、子どもが学習する状態に入るまでゆっくりと待ち、ほかの子と比べたりしない。

――学園は学びの場であり、子どもの遊園地ではないし、避難所でもない。教師は子どもの学習を手助けするが、子どもに代わって学習方法を決めることはない。学習は子ども自らでするべきことであり、誰かが代わりにすることはできない。

――まず心を空にして、既成の観念を手放し、オープンな気持ちで子どもが種子学園で学んだ後のさまざまな変化に向き合うなら、あなたとあなたの子どもは本当の学びと自由とを手に入れることができる。

――学園は市内からかなり離れているため、子どもはバスなどの交通手段を利用する必要がある。新烏来道路沿線は風景がことのほか美しく、信号機に阻まれることもないので、通学は思いのほか苦痛ではない。

――寄付金や補助金を調達するまでの学園の経費は、保護者からの寄付によるものとする。最低寄付金額は保護者が自ら決定する。寄付金は、現在のところ半年ごとに一度、5万台湾元である。

――すべての子どもは体験授業の過程を経て初めて私たちの学習チームに加わることができる。体験授業の期間にあなたとあなたの子どもが知りたい内容をはっきりさせて、このような教育が本当に必要なものなのかよく考えるべきだ。そして決定後には、現実を見据え、理想を堅持することで、心配も恐れもなくともにこの教育の道を歩みだすことができる。

8. 学校見学の規則

——事前申請の提出が必要。

——学園の見学は1か月に2回を限度とし、毎回の見学人数は10人を超えてはならない。

——見学者が授業参観を望む場合、授業担当の教師および生徒の事前の同意を必要とする。

——撮影したい場合、被写体本人の事前の同意を必要とする。

——学園の教育秩序の安定のため、授業時間における見学は受け付けない。協力をお願いしたい。

第1章 信頼と尊重

今日の台湾に必要とされる教育改革とは、単なる制度の改変、体罰の消滅、試験の負担軽減などの枝葉末節の改革ではない。もっと本質的な観念における改革、つまり「心」の改革である。この教育実験に関わってきた私たち教師はみな、2年以上にわたり、多かれ少なかれ内面の革命を経てきた。それは個々人の生命価値の再鍛錬の過程であり、教育者としての深い反省の過程でもあった。そしてその過程はいまだ絶え間ない継続のなかにある。

1　自発性の成長は深い信頼から

秋の彩りが濃くなるとき、烏来郷の信賢《シンシュエン》キャンパスのアオカエデは一夜にして赤く染まる。葉はオレンジ色のグラデーションをまといながら、この巨木に艶やかな化粧を施していく。グラウンドで球技をする子どもたちの健やかな姿には笑い声が絶えない。彼らとかなたの山々や川は溶け合いながら、動と静の趣のある1枚の絵画を構成していく。

石段に座る私の心は感動で溢れていた。2年もたっていないのに、この学園はなんと大きく「成長」したのだろう！　単なるおぼろげな構想に過ぎなかったものが、今はもう包括的で安定した枠組みを備えるまでになった。その過程には、どれほどの揉め事、戸惑い、喜び、努力があっただろう。そしてどれだけ多くの大人たちの涙が流され、どれだけ多くの子どもたちがここを訪れ、去っていったことだろう。

今になってはっきりと断言できる。台湾教育改革の牽引車の1つと称される本学園は、単なる泡として消え去ることはないし、夢のなかの花として消え去ることもないということを。

私のこの思いを確かなものとして支えてくれているのは、真の信頼と心遣いをわきまえている人々（政府官僚、官民を問わず多くの教育者たち、保護者、児童および青少年）である。彼らは子どもたちのためにこの教育の場を建設し、または保護し、本学園を自身のスピードで成長できるようにしてくれた。

確かにそこに至るまで、無数の大波の襲来に耐え、破滅の淵を歩いてきた。だが、せっぱつまったときはいつも、彼らの誰かから差し伸べられた援助の手によって、資金も土地もない民間による教育実験の場である本学園は生き延びることができ、大きな成長を遂げさせてもらってきた。さらには本学園の模索の体験を社会に広め、教育振興を志す人々の挫折と苦痛の軽減にも資することができた。

本学園の手記を書こうと決めたとき、本学園の誕生と運営に関わった者として私の心に残っていたもの、その大部分の思いは「感謝」だった。この懐疑と恐れに満ちた時代に心温まる信頼の手は私たちに生存の道を与えてくれ、大きな成長へと導いてくれた、そのことへの感謝だった。

実際、人間に対する深い信頼と支持は、種子学園創立の精神であるとともに、成長を促す要素でもあった。この2年間、心に無力感、挫折、そして怒りを抱える子どもたちが、新たなる出発に必要な生きる力を本学園で得ていった姿、それを私たちはどれだけ見てきたことだろう。頑固で冷淡な大人たちが、自分の有り様を反省し、心温かくやさしい人間へとどれだけ変貌してきただろうか。

もちろん、その過程では、善意・悪意、学校の内部・外部からを問わず、絶え間ない諸々の批判、意見、さらには中傷さえも存在した。だが今に至って、私たちは経験のなかから信じるに足るものを掴むことができた。それは、「教育」を捨ててしまえば、ほかの道はもう存在し得ないということである。

種子学園の教師は300人のボランティアのなかから生まれた。本書は彼ら教師、子どもたち、および保護者の相互関係、思索、喜びと挫折の記録である。

1年生の全教科を受け持つ淑貞《シュージェン》先生は学校のお母さん先生だ。彼女は正式な資格を持った看護師でもあり、美しい調べを奏でる笛の名手でもある。

ハーモニカの素晴らしい吹き手、黎光《リーグァン》先生はアメリカ帰りの児童演劇修士号取得者であり、語学の担当だ。もちろん、学校が運営する演劇団「真仮仙」の団長も務める。

口ひげをたくわえ、ギター、中国語、日本語ともにどれをとっても超一流の胡子《フーズ》先生（訳注：胡子とは中国語でひげを意味するので、ここではあだ名だと思われる）はときどき子どもたちよりもっと子どもっぽくなってしまう。

絵の具を手にするだけで、カラフルな絵を描き上げる宜珮《イーペイ》先生は、学校と図書館をとても居心地のいい場所にしてくれた。

佳仁《ジァレン》先生を困らせることはできないだろう。数学、理科、化学から小説文学、芸術に至るまで彼女に知らないことはないのだ。彼女と一緒に地面に横になって星を眺めれば、どんな星でも、その星にまつわる物語を話してくれるだろう。

1本の指だけでバスケットボールをくるくると上手に回すことのできる舒跑《シューパオ》先生は、地質研究院にいた頃、2か所の国立公園を巡り歩いていた。

小屋を建て、漁や狩り、編み物までできる万能のタイヤル族（訳注：タイヤル族は勇猛なことで知られる）の英雄、林義賢《リンイーシエン》先生も、舒跑先生とは異なるタイプの野生児だ。

彼ら同様、大自然をこよなく愛しながら数学に精通し、車まで直してしまう郭泰男《グオタイナン》教頭先生もまた、男子の成長にとって外せない仲間だ。

これらの先生がたには、共通点があった。それは、権力に媚びず、権力の言いなりにならないことだ。彼らは自由と平等を要求し、協力と尊重を追求した。だが、それぞれの成長過程において、こうした経験を持つ者は多くはなかった。ゆえに評価基準への難癖、適切な態度の掌握、ほどよさに関する困惑といったことはしばしば取り上げられ、教師たちの間で議論となっていた。

　私は常々、思うことがある。今日の台湾に必要とされる教育改革とは、単なる制度の改変、体罰の消滅、試験の負担軽減などの枝葉末節の改革ではない。もっと本質的な観念における改革、つまり「心」の改革である。この教育実験に関わってきた私たち教師はみな、2年以上にわたり、多かれ少なかれ内面の革命を経てきた。それは個々人の生命価値の再鍛錬の過程であり、教育者としての深い反省の過程でもあった。そしてその過程はいまだ絶え間ない継続のなかにある。

　本学園の真に尊い精神、そして深い信頼と支持からほとばしり出たパワー、それらをすべて描き出したいと思う。そうすることでこそ、ともに仕事をしてきた仲間や子どもたちに申し訳が立つというものだ。すべては子どもたちのために始まったのだから。

2 学習の主人になるということ

種子学園の子どもたちは、ほかの子どもたちとは際立った違い、「主体性」を持っている。学園の規則や環境の維持をみんなで討論して決めるばかりではなく、クラス担任や受講科目に至るまで、子どもたちが自身で決定する。

学園が開設された初期はそうではなかった。午前中に「必修科目時間」を設け、子どもたちは必ず決められた授業を受けなければならず、午後のみが「自由選択科目」を履修する時間となっていた。これは大人たちによって学習システムがつくられていくなかで生まれた妥協の産物だった。つまり開園初期の段階では、子どもたちが主体性を持って真剣に学習に取り組むことに対して、大人たちはそれほど確信を持てずにいたし、教師が子どもたちに対して適切に指導できるかも、さほど自信がなかったからである。

1年が過ぎ、それぞれの先生がそれぞれのやり方で子どもたちとともに過ごしてきた。学期末の総括のための討論のとき、ある先生が発言した。

「本学園では選択履修方式の全面的な推進を考えるべきなのかもしれません。1年間を振り返ってみると、子どもたちの選択授業に取り組む態度はとても真剣でしたし、授業でのルールもよく守っていました。それに引き換え、午前中の必修科目の授業では重大なルール違反もありました」

ほかの先生からも同じような意見が飛び出した。

「学習に対する要求が午前と午後とでなぜ異なるのかについて、子どもたちにどうやって説明したらいいのかわかりません。なぜ午前中には語学、数学、理科の授業を必ず受けないといけなくて、午後は自由に科目を選ぶことができるのでしょうか？　午前と午後の科目では重要性が異なるのでしょうか？」

何度も何度もみんなで話し合った末、先生たちはこじつけの制度を維持することはできないと思うようになった。その結果、幼稚園からの過渡期にある入学したての1年生を除いて、すべての子どもたちには選択履修を全面的に取り入れることが決定された。科目選択において、子どもたちが各自の学習計画を決めるときには、担任の先生は相談に乗るが、最終的には子どもたち自身に決めさせることとした。

だが先生たちも、語学と数学を学ばせないわけにはいかないだろうと感じていた。この2つの科目は、子どもたちが文明社会に足を踏み入れ、抽象的思索をするための手引きともいえるものだし、とりわけ習得にはある程度の練習をこなす必要があったからだ。「雨垂れ石を穿つ」といった努力なしで、子どもたちに学習への自信を根づかせることは不可能なのだ。どうすればいいだろう？

先生たちは「誠実な説明」を選択した。つまり、どうして先生たちがこの2つの科目により多くの時間と練習が必要だと思っているか、特別な理由がなければ、学園としては子どもたちみんなが自分のレベルに合った語学、数学を学ぶことを望んでいること、それらを子どもたちに誠実に話すことにしたのだ。

当然だが、理科、美術、技術、体育、歴史、地理などの科目が重要ではないという意味ではない。学園で教える内容はどれも公立小学校の基本カリキュラムに則っている。私たちは、学習の時期、学習速度、そしてどういった方法で学ぶか、それらに対する子どもたち自身の判断と選択を尊重しているだけなのだ。

先生たちの決定を知って、多くの保護者、さらには顧問の先生たちさえも心配し始めた。子どもが「偏食」したらどうする？　学園では担任の先生までも子どもたちに選ばせようとしていると知ると、周囲の心配はさらに大きくなった。

このような懐疑と向き合うなかで、先生たちを支えてきたのは子どもたちに寄せる理解と信頼だった。私たちがやろうとしていたのは「子どもによる自主的学習」に関する実験であり、頭から疑うことによって「必然的」な実現の可能性を妨害するようなことは許されなかった。
担任の先生を選択する調査表は始業日前に子どもたちから返ってきた。実際、子どもたちに選ばれなかったり、逆に多すぎたりすることもなく、どの先生もそれぞれ子どもを受け持つことになった。まさに古い諺にあるように「どんな秤でも、それに釣り合った重りを持つ」といった具合で、何ら心配することもなかった。

カリキュラムの説明時には各科目担当の先生が教科内容、授業の進め方を丁寧に説明した。科目選択の結果、何1つ選択しないという子どもはいなかったし、逆に多くが選択希望科目の時間が重なってしまうことに不満を持っていて調整を希望するほどだった。2週間のプレ授業が終わり、それぞれが選択科目の履修に落ち着くと、「授業の強要」などはもう起こることはなかった（保護者が心配のあまり、子どもに対しこれを選べ、あれを選べと干渉して、親子関係がギクシャクする場合は例外的にあったが、その場合、先生が調整役になるしかなかった）。

今では学園で子どもの誰かが真面目に授業を受けない場合、ほかの子どもたちが不真面目な子を追い出すよう先生に要求するまでになった。その子はほかの子どもたちの授業を受ける権利を侵害しているからだ。授業を受けるのは自ら選んだことでもあり、先生からの宿題やグループディベートに対しても、子どもたちはみんな積極的な対応を見せた。もちろん先生側でも十分な授業への準備が必要だ。その準備がなければ授業を受ける子どもたちが減っていき、結果、授業を開くこともできなくなり、苦しい状況に陥る。

もしみなさんが種子学園を訪れたら、いつでも子どもたちの誰かが、教室で授業を受けている姿、図書館で勉強に励む姿、キャンパスの異なる場所で自分のするべきことをしている姿を見ることができるだろう。それぞれの子どもたちが自らの興味に基づきながら学園の提供するカリキュラムに従って、自分の時間を使っている。これが種子学園の生活なのだ。

私たちはこんな味わいのある生活が好きだが、みなさんはどうだろうか？

3 殴らず、罵らずして、いかに子どもにわからせるか？

かつて、種子学園で教師採用する際の評価基準の第一優先規定は「殴らず、脅かさず、教育の方法として心身に苦痛を加えるいかなる手段も用いない人物」で生徒に接する態度に関しては、より明確にこう規定していた。「教師は生徒に対して、体罰、罵り、威嚇、脅し、利益を与えて手なずける等、生徒の心身に苦痛を与えるいかなる手段も、決して教育の方法としてはならない」。

1年半にわたる「実験」を経て、このような規定は取り消された。理由は「実施不可能」だったわけではなく、「不必要」だったからだ。先生たちも子どもたちとともに過ごすなかで、より深い実感と体験を積んでいったのだ。

それは、先生たちが「子どもはおとなしく話を聞くべき」であるといったような心理的要求を放棄することから始まった。この要求自体、大人による権威主義の現れにほかならない、と先生たちが反省したからだ。何らかの問題が発生したら、まず子どもの話を十分に聞けば、たいていの場合、いたずらっ子にもそれなりの道理があることに気づくだろう。そしてその「道理」が往々にして子どもを諭す切り口になる。

口の達者な佑民《ヨウミン》が学園に来たときは、本当に頭が痛かった。佑民は大人の話はまったく聞かなかったし、いつも言葉で人を挑発してきた。とりわけ静安《ジンアン》をからかって怒らせるのが好きだった。先生が何度も佑民と話し合ったが、やってはいけない理由をどうしても納得させることはできなかった。あるとき、佑民の担任は私に「学園長」として話し合いに参加するよう求めてきた。

「さあ！　佑民」。担任の先生が話しかけた。「学園長先生がここにいらっしゃっているんだ。ここの「学店（訳注：営利教育機関（For-profit education）のこと。営利目的の民間企業が運営する教育機関。ここでは子どもが学校を「お店」のようなものと見ているため、このような表現になっている）」のことを直接尋ねてごらんなさい」。

佑民は、両親が毎学期、基金会（民間の非営利団体）に5万元（1995年頃のレートでは、1台湾元は約3・8円）もの寄付をしていて、そのお金でこの学校が維持されているのを知っていた。だから何か面倒を起こさなければ、こんな高額の出費に見合わないと思ったのだ。静安に関しては、静安のお母さんがやさしすぎるので、「あの子には教育指導してくれる者が欠けている」と思っていることが理由だった。佑民の言い分では、同じようないたずらを家ですれば絶対に叱られるか、罰を与えられる。だが、静安が同じことをしても親から叱られることはない。「そんなことが許されていいのか?」と、佑民は天に代わって正義を行ったまでなのだ。

「確かに道理はあるね」。私は話を続けた。「君はお父さんとお母さんのお金がどこに行っちゃうのか知りたくない?」

「もちろん!」私はペンを手にすると佑民に「帳簿」を教えながら、ついでにとりとめのない会話に興じた。学園のすべての財務状況を知ると、佑民の怒りは収まっていた。静安への教育問題に関してはゆっくりと取り組むことにしよう。私はそう思っていたが、この話し合いの後、佑民は自分のやるべきことに忙しく励むようになり、「天に代わっておしおきする」ことはほとんどなくなっていった。

大人の期待値を合理的なところまで下げる、それも適切な方法だった。偉偉《ウェイウェイ》のような学習速度が遅い子どももいる。偉偉が学園に入学したとき、その学習に対する「食欲」は何ともひどいものだった。保護者と教師は共同して1つの重点目標を定めた。それは「激しすぎる競争的教育システムで子どもが味わった、学習に対する挫折感をいかにして修復するか」ということだった。

1学期が終わり、そして1年が過ぎていった。まだ偉偉は学んでいた! 偉偉はほかの子どもたちと一緒に科目を選択し、一緒に学んでいた。先生と保護者はともに胸を撫でおろしたが、しばらくして偉偉はまたもや授業を受けなくなってしまった。なぜだろう？

これはひとえに、子どもの学習に対する大人の期待値が上昇してしまったせいだった。子どもへの期待が、その子が耐えられないところまで高くなってしまったのだ。先生は偉偉はよく勉強するべきだと思ったし、お母さんは偉偉が掛け算・割り算もできるべきだと考えた。お父さんも偉偉だって小説を読むことぐらいできるはずだと思っていた。大人は子どもが学習を拒絶するサインを出してやっと自分たちの「強欲」に思い至る。このどこが、子どもが言うことを聞かないということなのだろう？　大人たちの期待値が合理的なところまで下ろされると、子どもはまたよく学ぶようになるはずじゃないか？

学園での掃除もまたおもしろい体験になった。先生は子どもたちの掃除のことで、かなり悩む。しばらくすると、掃除をしない子どもたちにはさまざまな理由があるのに気づく。ある子どもは実際に掃除ができない。彼らは家で掃除をしたことなどなかった。またある子どもは掃除の順序と時間とをひそかに計算していた。せっかく自分たちがきれいにした手洗い場でほかの人にモップなどを洗われると、自分たちの努力が水の泡になってしまう、それを避けたかった。みんなが掃除に励んでいるときに、彼ら「計算家」たちはのんびりと球技やトランプに興じていた。さらにほかの子どもたちは、お母さんの「ゴミは汚い」という言葉に影響されて、感染症を恐れるあまり掃除をやりたがらなかった。こういう子どもには親と教師との共同作業が必要だ。お母さんの「ゴミ掃除をしても感染症にならない」という言葉を聞いて、子どもはやっとゴミ掃除のグループに参加できるようになった。

当然、先生に注意されないと掃除をしない子どももいる。黎光《リーグアン》先生は掃除をサボる子どもを注意するのがいやになってしまい、とうとうホームルームの時間に、子どもたちに自分の思いをはっきりと宣言した。サボる子どもへの注意はもうやめる。掃除をしないなら、その子自身が生活会議の場でほかのみんなからの恨み言を浴びればいい、と。結果的には、クラスの子どもたちの何人かが、自発的に掃除に参加するようになった。

その話を聞きつけた胡子《フーズ》先生は早速真似をしてみたが、完全に真逆の結果に終わってしまった。今に至るまで、2人の先生は、どうしてそんなふうになってしまったのか、その原因を探求している最中である。

4 子どもを信頼することの難しさ

種子学園は創立以来、先生と子どもたちに最大の信頼を寄せてきた。私たちが並外れた眼力を持っていたわけではまったくない。ただ、特殊な経験のおかげで、他者や子どもたちに対して肯定的な見方ができるのだ。

種子学園がまだ始動していなかった頃、私は芋虫児童哲学基金会で先生をしていて、子どもたちと児童哲学の討論をした。あるとき、誰かが「人はなぜ学校に行かなければならないのか?」と議論を持ちかけると、別の子どもが突然こう発言した。「どこかの学校が、何を学ぶか、どうやって学ぶかといったことをぼくたちに決めさせてくれるなら、ぼくたちはもっと勉強するようになるのにな」。

「そうなの?」私は反論したものの、それほど断定的な語気ではなかった。

「考えてみて!」その子どもは続けた。「先生たち大人は今までぼくたちに何もチャンスをくれなかったよね。だからぼくたちだって当然、証明できっこないよ!」

子どもたちの澄みきった瞳を見ていると、何となく私の長男を見ているような気分になった。

長男は7つの学校を渡り歩き、大人からの指導をずっといやがり続け、自習だけで誰にも文句のつけようのない成績を修めてきた。溢れ出る感情のまま、私は1つの約束をした。「もし、もしもいつか、私たちの学校を創立できたら、その学校は子どもたち自身が学習について決定できる学校に必ずします」。

最終的に芋虫学園（今は「種子学園」と改名）が創立されたが、この考えを巡っては1年半のうちに大人たちの間で二度の大きな衝突を生むこととなった。その都度、半数近くの家庭が離れていき、学園は大きなダメージを負い、私たちの苦しみは筆舌に尽くしがたいものだった。

衝突の原因はいつも、「子どもに主体的学習をさせるのは可能かどうか」、「当時の学園の仕組みと先生が、子どもをサポートして主体的学習の心を取り戻す能力があるかどうか」という点にあった。学園へ寄せる周囲の期待はそれほど高く、情熱もそれほど熱かったため、検討するほど内容は深まっていった。さまざまな問題点、疑問点が検討の場で取り上げられたことで、その後の実務面での調整が首尾よく進むようになった。

現在では、学園から去ることを誰も口にしなくなった。1つひとつ着実に調整してきたし、子どもたちと一緒に過ごすなかで悟ったこと――大人の手助けが適切、かつ学校の提供するカリキュラムも合理的なら、子どもたちは学習を望むばかりか、往々にして大人からの学習提供にも協力的——があったからだ。

彦碩《イエンショウ》と語学クラスの同級生たちの協力がその典型だ。彦碩は8歳で、今学期は1年飛び級して10歳くらいの子どもたちと一緒に語学の授業を受けていた。彦碩の読解力と理解力はとても高かったが、書く力においては明らかにみんなより劣っていた。語学の先生は彦碩の心理に配慮して、子どもたちに板書させるとき、彦碩を指名することはなかった。

ある日、小崎《シャオチイ》が抗議し、先生にこう質問してきた。なぜ彦碩には黒板で書かせないんですか？先生は「彼は飛び級してきたからね」と答えた。小崎はそれでは納得しなかった。「彦碩は飛び級してこのクラスになったんだから、今はここで一緒に学ぶ生徒の1人でしょう。先生、差別待遇はいけないと思います」。ほかの子どもたちも一緒になって騒ぎ立てた。「彦碩、黒板で書け！　黒板で書け！」

後になって認めたように、そのとき先生は内心、不愉快だった。先生は、子どもたちが彦碩に目に物見せてやろうという魂胆だと考えていた。しかし思いがけず、クラスのみんなは彦碩が一画一画ゆっくりと書き終えるのを静かに待っていた。方方《ファンファン》は彦碩にアドバイスまでした。「注音符号（訳注：中国語の発音記号の1つ。現在は主に台湾で用いられる）をつけないといけないよ」。こんなわけで、彦碩は壇に上がるようになった。

後になって、小崎が先生に話してくれた。「私も彼が飛び級生ってことぐらい知っていたけど、私たちみんな、彦碩が書けるようになることを望んでいたの」。これには、先生も恥ずかしくてしょうがなかったはずだ。

「木の枝事件」も既存の教育関係者および私たちと協力関係にある、林義賢《リンイーシェン》先生にとって、子どもたちへ本当の信頼を抱かせるものだった。

それは生活討論会でのことだ。ある子どもが疑問を投げかけた。子どもたちのなかには学校の木の枝を切り落とし、それを削って、チャンバラして遊ぶ者がいるが、学校の木の枝を切り落としていいのか？　さらに、その木の枝を加工した場合、加工した人がその木の枝の所有権を得るのか？

いろいろな意見が出され討論されたのち、最後は子どもたちの決議にかけられて、こう決まった。「学校の木々は学園に属し、誰もみだりに枝を切り落としてはならない。枝が学園による整備作業の結果として切り落としたものであっても、安全のため、それをチャンバラなど遊びに使用することを禁止する。自分が所持する木の枝は加工済みか否かを問わず、すべてを討論会終了後から昼休み終了までの間に、学園総管理人である林先生に渡すものとする」。

会議終了後、このことを蒸し返す者は1人もいなかった。ずっと後になって林先生がこう語っただけだ。当時、林先生もまったく期待はしていなかったが、その日のうちに子どもたちが、

1人、また1人と自発的に木の枝を手渡してきたという。そして実際にそれ以降、学園では子どもたちがチャンバラ遊びをするのを見ることはなくなった。

もちろん、いつもお天道様が照らしてくれるわけではないし、私たちは常に失望の苦さを味わってきた。だが、プラスとマイナスを合計すれば、いつだってプラスの経験が多くを占める。仮に失敗しても、その原因をたいてい探し当てることができた。

もう人と議論はしない。私たちはもう知っているから。

なぜ自分を信じるのか、なぜ子どもたちを信じるのかを。

第2章 自由と線引き

人間関係での線引きについて、過去の私たちはほとんど考えることがなかった。人のそれぞれの役割には各々範囲と境界があること、それについても、私たちはほとんど考えることがなかった。「境界線の越境」がもたらす問題と悪影響についても、私たちはほとんど思考を巡らすことがなかった。私たちは自分の感情を表現したり、他人からのメッセージを受け取ったりすることが苦手なために、人間関係に誤解が生じたり、傷つけ合ったりしてしまうようだ。

1 線引きが曖昧だと、自由と尊重の実現が難しい

かなり長い間、学園の先生たちは「子どもを尊重する」ことの意味を把握しかねていた。先生たちの討論中、たびたび見受けられるのが、困惑と苦悩の表情を浮かべながら状況説明し、次にみんなにこう質問する場面だ。「私のこの行動は正しかったんでしょうか？」とか「私は子どもを尊重していなかったんでしょうかね？」

ある先生はこう話す。「私たちはいつも、自分たちが子どもを尊重していないのではと考え続けているが、子どもたち自身は、自分が先生やほかの人を尊重しているかどうかなんて考えるだろうか？」

学園がスタートした第1学期に、先生を最も悩ませた問題は「授業の秩序」だった。大部分の子どもたちは普通学校から転入してきたばかりで、突然得た「自由」――これは彼らからすればはっきりした概念ではなかった――を、貧しい子どもが思いがけず大量の宝物を拾ったように、すぐに浪費しだすことになった。

着任したばかりの先生の頭のなかは「尊重」と「信頼」に埋め尽くされていた。伝統的教育

では賦与されていた教師の統制権すべては、学園によって禁止されていた。「体罰、罵り、威嚇、脅し、手なずけ、これらすべてを禁止して、私に何をさせようというんですか?」と、かつて学園の運営準備を手伝ってくれた1人の若い教師は、こんな挫折を味わって、苦しみのなか去っていった。そうなのだ。当時の私たちには子どもの主体的学習への理想があるだけで、実施法に関してはそれほどわかっていなかった。

公募によって新しい教師がやってくると、学園長ははっきりと彼らにこう語る。「非強制的学習での指導をいかに模索するか、それが教育実験の重要な目標の1つである」と。学園が先生たちに与え得るものは「最大限の信頼と支持」、それだけだったが、先生たちは体罰、罵り、威嚇、脅し、手なずけを禁止される……こんな「後ろ手に縛られた」状態のまま教育に臨むことになった。

つらい日々が過ぎていった。毎日、先生たちは話し続けた。子どもと話し、保護者と話し、同僚と話し、さらには自分自身とも話した。教育顧問が来て、首を横に振って言う。「これじゃあ、だめだね。これっぽっちの子どもさえ把握できていない。こんな様子で、どうやって教育していくの?」と。保護者が来て、首を横に振って言う。「これじゃあ、本当に困るわ。うちの子はこの学校に入ってからというもの勉強をしないのよ。それればかりか礼儀作法さえめちやくちゃになってしまいました」。

入学したての子どもは一生懸命、勉強する意思があるが、ほかの子どもが授業を邪魔し続ける。先生たちは教材を使った教育法の研修をしなければならないし、毎日毎日、挫折感も味わい続けなければならなかった。当時、先生たちがお互いに助け合い、支え合うことは極めて重要だった。授業終了後、深夜まで先生たちはお互いの経験や体験を交換し、翌日にはまた気持ちを新たにして、別な方策で子どもたちに再び向き合うのだった。

しかし、あきらめなければ、逆境のなかでも学習の機会が与えられるものだ。当時、学園長の仕事は外からの圧力を何とか食い止めて、先生たちが成長する場をできるだけ用意することだった。すぐに先生たちから「研修会の開催」の希望が出始めた。学園はとても貧乏だったが、このような研修費用には会計担当の保護者から文句1つなかった。学園の先生の代わりに授業を受け持つ講師の方々も、しばらくするとボランティアでやってくれるようになったし、教育指導の教授たちは今の今までずっとボランティアである。その方々には本当に感謝しかない！

ある日、先生たちが「教師能力訓練」カリキュラムを勉強しているなかで、急に気づいたことがあった。自分たちの根本的問題の1つは「線引きが曖昧」だったことなんだと。

人間関係での線引きについて、過去の私たちはほとんど考えることがなかった。人のそれぞれの役割には各々範囲と境界があること、それについても、私たちはほとんど考えることがなかった。「境界線の越境」がもたらす問題と悪影響についても、私たちはほとんど思考を巡らすことがなかった。私たちは自分の感情を表現したり、他人からのメッセージを受け取ったりすることが苦手なために、人間関係に誤解が生じたり傷つけ合ったりしてしまうようだ。

それ以来、先生たちは外から知識を学び、心理的成長と自己探求へと転換していくようになった。学園での子どもたちとの触れ合いを先生自らの価値観と結合させ、改めて見直しと整理を行う。さらに「メッセージの表現法」を学習し、よりよい協力体制が築けるようになってきた。

私たちは思う。他人への尊重は、各自が自らあるべき境界を熟知して、自分から無為に境界線を越えず、他人からの境界の越境も勧めず、また放任もしない、それだけのことではないだろうか？　線引きされた内側では人は自由でいられるし、外側では自由とは関係がない。この道理がクリアになれば、教室の内外の状況にいちいち右往左往することもない。まだ曖昧なら、ほかの先生たちがいい話し相手となってくれる。

生徒が授業秩序を乱すということは、当然それは越境の問題だ。先生が明確に判断さえすれば、処罰態度も自然に揺るぎないものとなる。子どもたちがどれほど厳しい言葉を吐いても、殴る必要性などまったくない。ごたごたした揉め事も自然と収まる。さらに騒ぎ立てる子がいれば、話し合えばいいだけのことだ。

この手記をここまで書いて、急に「野人の献策（訳注：「野人献曝」。出典は『列子』の楊朱篇。春秋時代の話で世間知らずの農夫が、王様に日光にあたって暖を取る方法を教えて褒美をもらおうとした故事。転じて、人に提案するとき、自分の意見を謙遜して言うこと）」の諺を思い出した。曖昧さを消し、明確に線引きするのは、自ら体験しなければ何の意味も持たない。私たちの学園の物語は、同じく困惑している教師に、ちょっとした啓発と助けを与えられるのかもしれない。

2 げんこつを使わずに、どうやって自分を守るのか？

1994年の夏、アメリカで自由教育の研究に従事する若い女性が、本学園を観察したいと希望してきた。3日間の滞在後、彼女は私と観察結果を話し合ったが、その際に質問してきた。「あなたがたの学校で暴力沙汰を見ることはありませんでした。これはとても驚くべきことです。入学する子どもたちをあらかじめスクリーニングしているのですか？　それとも台湾の子どもはけんかをしないということですか？」

けんかをしない？　私の脳裏にはすぐにさまざまな子どもたちの顔が浮かんだ。「けんかはしますよ。台湾の子どももほかの国の子どもと何も変わりません。子どもたちがどうしても自分の怒りを抑えられないときは、けんかするしかないんです。だけど暴力では何も解決しませんから、本学園では別の解決方法を子どもに提供しているのです」。

当時8歳の小応《シャオイン》は学園に来たばかりのとき、怒りの塊といった様子で、小さな顔がいつも緊張のせいで歪んでいた。他人と衝突するとまるで火山の爆発のようだったし、ややもするとナイフを持ち出してしゃにむに向かっていった。たくさんの人が小応を入学させないほうがいいと忠告してきた。彼がもしほかの同級生を傷つけたら、自分も傷つくことになるとの心配からだった。

先生は彼と何度も話し合いの場を持った。大部分の時間は小応の怒りの言葉をただ聞くだけだ。かつての先生への怒り、同級生への怒り、隣人が玩具の銃で子どもを撃つことへの怒り、家族への怒り……。先生たちは会議を開き討論した。みな、彼をとてもかわいそうに感じていた。小応の目に映る世界はよいことなど1つもなく、弱く小さな彼には、そのちっぽけな身体でもがくことしかできないのだから。

私たちは小応を入学させることにした。この社会には無条件で彼を愛してくれる場所があることを知ってほしい、そう願ったのだった。

愛はもちろん、放任とは異なる。小応が他人と衝突すると、大人と子どもたちはサポートを開始した。けんかの当事者双方に相手の本当の意図と感情を理解させ、小応の自分なりの想像と防衛意識を消そうとしたのである。

小応とほかの子どもたちとの間で行われた数えきれないほどの話し合いの席で、先生が頻繁に使った仲介の言葉は、「君が言いたいのは……ということじゃないかい？　彼が言っているのは……じゃないかな」というものだった。小応は、他人の行為が実は自分に向けられたものではない、あるいはただのジョークに過ぎない、ということがわかると、いつも恥ずかしくなり、あるときなど自分から丁寧に謝ったほどだった。

月日が過ぎていくうちに、小応の顔から険しさが消え、代わりに柔らかな表情が浮かんでくると、友だちもでき始め、さらには自分の好きなこと――物の修理――をやり始めるようになった。

今学期、小応は語学を学び始めた。注音符号（訳注：中国語の発音記号）から勉強していったが、彼の話では、文字を書くのはペンチを持つよりもたいへんだという。だが、非識字者になりたくないなら頑張るしかない。小応が望むなら、車の修理工場で体験させてあげれば、素晴らしい「修理の腕」を持つことができるかもしれない。それは願ってもないことではないか。

この類の物語は学園ではそうめずらしくない。

あるとき、2年生の耀輝《ヤオフォイ》が1年生の小威《シャオウェイ》を騙してトイレに連れ込み、あることをやらせようとしたが、小威は「ぼくはおまえのことなんかこわくないぞ。談話会を開いてやるからな」と断った。可愛らしい宛児《ワンアール》が同級生から除け者にされたときにも、恨みに満ちた声で言った。「いいわよ！　あなたたちのことを談話会で話してやるから」。談話会は子どもたちのお守りに似ている。正義はその会の場で実現されると、彼らは経験上、知っていた。

宣宣《シュエンシュエン》が恩恩《ウンウン》の水槽に泥を投げ込んだとき、双方は談話会で損害賠償の方法を話し合った。叔貞先生が2人を車に乗せてペットショップまで連れて行って「同じ大きさ、同じ種類の金魚2匹」を買い、宣宣が水槽を洗うのを手伝ってやった。小樹児《シャオシュアール》が誠誠《チェンチェン》に復讐しようとして農場の苗木を台なしにしたときには、小樹児は農場から追い出された。罰の理由は誠誠に対して怒ったからではなく、怒りのあまり、ほかの人に八つあたりしたからであった。

このような談話制度は、本学園の先生と子どもたちによって考え出された。創立当初は、子どもたちは殴り合いのけんかをしていた。当然、拳が大きく、殴るのが強い子どもが勝つが、それでは小さな子どもには不公平だ。幸いにも本学園には「生活討論会」という会議があって、誰でも何かあれば会議の場で意見を述べることができた。

学園創立からたった数日後には、もうけんかの問題がこの生活討論会の場で議題にあがった。子どもたちは、暴力に直面したときの思い、身体の痛み、悔しさを話してくれた。げんこつよりよい解決方法があるはずだ、という思いから「談話会」と「学園法廷」制度が生まれたのである。

そんなものが役に立つのかと疑う向きもあるかもしれない。しかし私たちの経験は教えてくれる。子どもたちが尊重され信頼される環境では、彼らは常に合理的であり、さらに深い同情心を備えていることを。話し合いで解決できるなら、げんこつを振るう必要はないのだ。

3 会議を開くことを学ぶ

種子学園の子どもにはどんな特徴があるのかと尋ねられたら、私たちはこう答えるだろう。重要な特徴は「会議に慣れている」ことだと。

本学園ではかなり前から「討論」が日常の一部となっていた。おかげで子どもたちは、他人の意見をよく聞くこと、自分の意見を表現することに慣れている。討論の内容が誰とも無関係の場合、みんな各自の価値判断をそのまま持ち続けることができる。たとえば、赤ブドウはおいしいか？　今日は寒いか？　ある本が好きか？　このような好き嫌いに関する類の場合である。それに対し、討論の内容が誰かと関係がある場合、その当事者は何らかの結論を出す必要がある。でなければ、楽しく過ごすことが難しくなるからだ。

みんなの学園生活と最も密接な関係がある話し合いの場、それが毎週1回の「生活討論会」である。これは全校生徒と教師が集合する学園唯一の機会であって、最も重視されるカリキュラムともいえる。

「会議を開きます！　クラス担任は人数を調べてください！」

前の週の会議終了前にあらかじめ選出されていた主席たちが前に出て立つと、生活討論会が始まる。主席は、「先生と生徒からの報告」、「心の時間」、「議案の討論」、「臨時動議」の順番で議事を進行する。主席団には教師のほか、子どもも参加し、毎回の会議終了後に会議の進行状況と改善すべき事項に関して検討を加える。この子どもたちを甘く見てはいけない。彼らの会議への理解度と掌握度はほとんど大人のレベルを上回るものなのだから。

ほかの子どもたちの生活討論会への理解は、ちょうど民主主義国家の国民の、会議に対する理解と似ている。会議で規則を決めると、気持ちを共有して困難な問題を解決する。

「先生と生徒からの報告」では、今月の本学園への訪問者はどれくらいか（外部の参観規則は生活討論会で決定される。学園の事務のおばさんたちは規則に沿って処理するだけだった）？　図書館では何か新しいイベントがあるか？　保健所のぎょう虫検査はいつか？　さらには学園全体旅行のアンケート作成、総合体育科目の授業内容などに関して知ることができる。

「心の時間」はみんなで思いを分かち合う時間だ。アブラギリの花が咲いたことの喜び、なくしたものが見つかった歓喜、骨折したときの驚きと恐れ、誰かにハトを逃がされたことへの恨みなども、みんなと共有することができる。

「議案の討論」は特に重視される大切な時間で、この時間を軽く考える者はほぼいない。生活討論会での決議事項は学園生活の原則であり、これを覆すには4人の連署が必要で、さもなければ決議事項はそのまま執行される。

実際、本学園規則の条項はすべて生活討論会の場で「誕生」してきた。

当初、学園の顧問の先生たちはこのやり方に納得していなかった。「どんな規則も最初から話し合って決めるなんて道理はないでしょう。学校にやってくる子どもたちは誰でも基本的規則を理解しているはずです。まさか〝人を殴ってはいけない〟なんてことまで話し合って決める必要があるとでも言うんですか？」

だが、私たち教師はこのように考える。子どもが話し合いたいと望むなら、私たちは話し合うべきだ。異なる背景の家庭からやってくる子どもたちは、同じ1つのことに関しても異なる見方をする。私たちができることは、子どもたちに「人はみな自分と同じではない」ということを理解させ、みんなが受け入れられるやり方で一緒に生活していく道を見つけるように手助けすること、それだけで十分なのだ。

「団体生活で必要とされる規則なんてそんなに多くないですから、基本規則はすぐに制定できるでしょう」。私はこう言って、学園運営を急いで軌道に乗せようとする顧問を安心させようと努めた。「だが、罰則はどうでしょうか？　ここでは生活討論会を通じて罰則まで子どもたちに決定させている。罰則には、教室の前のほうに座らせたり、教室の掃除、さらには停学まであるが、こうしたことは、従来の学校の罰則と何が違うのですか？」と尋ねる顧問の先生の失望した顔を見ながら、私は軽い調子で言うしかなかった。「子どもたちがつくった規則が不合理なものだったら、彼ら自身がそれを見つけ出し、修正することができます」。「それじゃあ、先生は何をするんですか？」「先生は子どもと一緒になって真剣に考え、討論に参加します。緊急を要する問題がなければ、子どもにゆっくりと経験を積むようにさせます。それでいいですよね？」

1年後、主席団の子どもが総括の時間に次のような意見を提出した。生活討論会の罰則は会議出席とは無関係だから、そのために必要のない困惑を招いている。たとえば会議のとき、家《ジャー》明《ミン》はわざと騒いで前の席に座るし、宣宣はわざと欠席する、これでは罰則があっても意味がない。だから会議における彼らの権利自体を剥奪する方向で罰則を修正すべきだ。たとえば、「会議の場を乱す者の投票権あるいは発言権の制限」、「欠席者における決議を覆す権利の取消」のように。新修正案は全校の教師と生徒の十分な質疑のうえ、了解を得て、決議された。それ以降、宣宣は二度と欠席することはなかった。なぜ欠席しなくなったのかと尋ねると、「欠席したら決議を覆すことができないなんて厳しすぎるよ」と答えた。

ある卒業生が学園を訪問してくれた。中学校での生活で、彼が一番印象的だったのは会議だという。普通の中学校の同級生たちは会議が苦手で、彼らには意見がまったくないか、論理性に欠けているかで、討論するのがとても難しいということだった。

民主主義制度は数で争いに代えるもの、文明は理性で暴力に代えるものなら、子どもたちが小さい時分から討論と会議に慣れ親しむことは極めて重要だといえるはずだ。

4 種子学園のよい生徒たち

私は――、私は主体的に学ぶ子どもになりたくて、種子学園に来ました。

私はここでは誰もが私を尊重してくれるのを知っています。私もそれに見習ってみんなを尊重しようと思います。

私は始業日から2週間以内に、今学期に何を学ぶべきかを先生や親と話し合ったら、一生懸命勉強します。

私はここでは殴り合いや口げんかで問題を解決する必要がないことを知っています。

ここでの私たちみんなは、他人が心からしたいと願うことを手助けしたいと思っています。

私は缶飲料、電動式おもちゃ、銃および学校のゴミを増加させるようなものを持ってきませんし、廊下で大声を出したりしません。

私はほかの教科を学びやすくするために、毎日、語学と数学を勉強しなければならないことを知っています。

私は学校の規則が不合理だと考える場合、4人の生徒とともに生活討論会で改正を要求できます。しかし規則改正前には、依然としてその規則を遵守する必要があります。

現在までのところ、学校の規則は、生活の約束（計12条）、図書館規則（計7条）、生活討論会規則（計9条）からなっている。

種子学園「生徒手帳」には学園生徒が模範とすべき判断基準が前述のように印刷されている。わずかの条文だが、これは学園の教師と生徒との1年にわたる探求の結実である。生徒を対象とした「生徒手帳」、および大人を対象とした「内部手帳」ができあがると、みんなは一息つくことができた。実際の体験から導き出した枠組みがやっと完成し、これ以降は明確な線引きも可能となって、将来的に発展する余地も大きかったからだ。

子どもたちも信賢キャンパスに引っ越してきて、すぐに学校の活動が始まった。「毎日、ぼくは真面目に授業に参加しているので、授業のないときには自由に遊べるんだ」。1年生の浩《ハオ》は心置きなく遊べるので、とても得意げであった。

「生活の約束には、やっちゃいけないとは書いていないよ。だからぼくたちは当然、自分たちのための秘密基地をつくってもいいんだ」。2年生の年年《ニエンニエン》は同じくらいの年齢の子どもたちと一緒に、学校の杉林に秘密の穴倉をつくった。だが、運の悪いことに舒跑《シューパオ》先生の引率する科学クラスの子どもたちが誤って無断で入ってしまい、双方の争いは、生活討論会で審議される次第となった。

「基地が彼らの本当につくりたいものだったら、ぼくはもちろん支持するぞ！」5年生の白雲《バイユン》が重々しく言った。「とはいっても、彼らが学校の器材を使うのは問題だろう。それに林のなかでヘビにでもかまれたら、どうする？」

「この問題は3つの方面に及んでいるな！」6年生の安安《アンアン》の論理は明快だ。「まず、学園の敷地内に基地をつくってもいいのかという問題、第二に基地の建設には学園の器材を使用できるかという問題、第三には安全の問題がある」。

みんな、あれこれてんでに自分の意見を述べると、主席がそれぞれの問題に分けて採決を行った。その結果、次の内容が圧倒的多数で可決された。

1. 基地の建設は可能。
2. 公共の資材の使用は担当の先生への借用手続きを経なければならない。
3. 林義賢《リンイーシエン》先生を基地指導担当として選出する（毒ヘビと安全面に関しては林先生のお得意なので）。
4. 生活討論会で基地の位置と規則を公告することによって、類似の誤侵入事件の発生を回避する。

会議終了後、多数の基地が雨後の筍のように建て始められた。冬休みが始まる前には4つの基地が公告手続きを終え「登録済み基地」となっていたし、建設協議中のものは数えきれないほどだ。

こんな経緯で基地は建設されていったが、子どもたちの学習に対する態度も同じように形づくられていった。

6年生の平平《ピンピン》は語学の授業についていくのが難しくなっていた。よって、平平と黎光《リーグァン》先生は個別指導の時間を約束し、教室で平平を待っていた。しかし、約束の時間を10分以上も過ぎても、平平はいっこうにやってこない。先生は腹を立てて1枚のメモを彼の机の上に置いた。

「平平、先生は1時から102討論室で待っていたんだ。今はもう1時15分になっているぞ。なのに君は来なかった。先生はとても気分が悪い。君の練習問題はもう出してあるから、自分でやっておくように！」

これ以降、平平は遅刻することはなかった。

胡子《フーズ》先生の日本語の生徒たちはさらにおもしろい。ある日の日本語の授業で、先生と生徒たちは昼休みに歌の練習をすることを約束した。だが、子どもたちは遅刻しただけではなく、手にはまだ食べかけの弁当箱すら持っていたのだった。先生は頭にきてしまい、「今日はもうやめよう」と言うと、踵《きびす》を返して担任執務室に戻ってしまった。しばらくして日本語授業に参加している子どもたちが、ドアの向こう側で押し合いへし合いしながらこう言い合っているのが聞こえてきた。「お前が行けよ。お前こそ行けよ！」

胡子先生は、子どもたちが謝りに来たに違いないと思ったが、同時に自分の行いが少し恥ずかしくなってきた。そこで別のドアから逃げ出してしまった。

先生が園内をひと回りして戻ると、机の上には1枚のカードが置いてあった。そこには日本語で謝罪の言葉と、4つの泣きべそ顔も描かれていた。

学期終了前、6年生の琳琳《リンリン》は急に感じるところがあって思わず口をついて出たのだろう。私に向かってこう語った。「雅卿《ヤーチン》先生、私たち、今学期はずいぶん多くのものを学んだと思いませんか！　今から振り返ると、前の学期は本当にでたらめでしたね！」

ほら！　種子学園の子どもたちはこんなふうなんですよ。

第3章

耳を傾け、受け入れ、成長すること

私たちがいつも言ってきたことがある。学園が1人の子どもを受け入れるということは、1つの家庭も一緒に受け入れることを意味するのだと。私たちは学園の大人たち（先生と保護者を含む）が自分たちの成長過程を振り返り反省することも望んでいる。情緒の面で受けた挫折感は人格面での成熟を難しくし、それによって子どもとのコミュニケーションの形態にも根本的な変化を与えてしまう。――子どもに機会を与え、大人の価値観をいったん脇に置いて、子どもの立場に立ってその思いを聞いてみる。そうすれば子どものことを理解し、受け入れることができる。相手に自己改善のためのゆとりを与えることで、問題解決の突破口を探し当てられるのだ。

1 誰もわかってくれない

「うちの子は悪い子ではないんですが、やることが遅いんです。その遅さが勉強の障害となっています。そのせいで屈辱にさらされ続けなければなりません。先生たちの学校ではこんな子どもも受け入れてくれるのでしょうか?」

「どうして子どもは私に文句ばかり言うのでしょうか。子どものためを思ってやらせているのに。こちらの気持ちも理解せず、私にあたり散らすばかりです。こんな子は将来どうなってしまうのでしょうか」

「ぼくのパパはこの世で一番の威張りん坊だよ。お金を稼いでぼくたちを養っているって勝手に考えているんだ。ぼくたちはパパの奴隷だってこと?」

「勉強は誰がやること? 子どもの成績が悪いのは、先生の教え方がよくないってこと? いい先生とは、子どもたちみんなの成績を上げなといけないってこと?」

こうした怒りの言葉は、私たちの周囲ではいつも聞こえてくる。そして、たいていの人は言葉のうわべだけを理解しがちだ。つまり、学校が子どもを受け入れてくれるのを望んでいる、または母親が子どもに失望している、さらには子どもが父親を責めている、先生が生徒に不満を抱いている、といったように理解している。だが、事実は往々にしてそんな理解とは異なる。

長期にわたって、本学園の教師と保護者は、他人の話を「よく聞き取る」ことを学んできた。つまり言葉のうわべではなく、情緒から感じ取ることがより大切にされてきた。相手の話をよく聞くこと、それによって初めて話し手の本意を聞き取ることができる。それは人と人との有効なコミュニケーションのこつであり、さらには相手を助けて自立の方向に歩ませる大切な方法でもある。

本当のところ、先述の1番目の保護者が心配しているのは、子どもとその仲間たちとの比較がもたらす心理的問題を、学園の先生がうまく処理できるかである。2番目の保護者は、自分が無能だという悩みにはまり込んでしまっている。3番目は、子どもは父親とよりよい意思疎通を渇望しているのだ。4番目は、教師が自分の教育に挫折を味わい、助けを必要としている。

彼らの思いが理解されず受け入れられもしないなら、情緒の渦から逃れ出て、問題に立ち向かい、さらに一歩進んで改善方法を思いつくことは相当に難しい。「理智」と「感覚」とはシーソーの両端である。一方が高く上がればもう一方は必然的に低くなる。彼らには、攻撃、八つあたり、後悔、いら立ちなどが繰り返され、結局、他人も彼らにどう対応すればいいのか困惑するようになってしまう。

負の情緒もそうであるし、正の情緒も同じである。たとえば、ある子どもが家に帰って大喜びで誇らしげに、お母さんに自分の美術作品を見せたとき、お母さんが子どもに冷や水を浴びせる。「まあまあじゃない？　数学も美術くらいよければねえ」。ああ！　人間社会の悲劇はここから始まるのだ。

種子学園が創立したばかりの頃、創立に尽力してくれた保護者の多くは指導に関して深い体験があった。彼らのほとんどは親子間の意思疎通に関して非常に険しい道のりを歩んできた。また、従来教育の権威主義と管理主義による教師と子どもとの関係の崩壊後、保護者らが各家庭で自ら「補修」し、リハビリを行ってきた。

そんな経緯から、「傾聴、信頼、受け入れ」が本学園の創立精神となった。だが、理想とする精神を掲げることと、それを実現することは、それぞれ別の問題である。本学園では、傾聴、共感、対応および教師自身による探求に重点を置いた教師育成を行っている。

実際はどうすればいいのか？　これに関しては、各教師が自分に合った方法を開発していくものなので、標準的な回答があるわけではなく、それぞれが経験によって見つけるよりほかはない。相手（子どもと大人を含む）に機会を与え、少し待ってあげよう。自分の本来有している価値観をいったん脇に置いて、相手の立場に立ってその思いを聞いてみる。そうすれば相手のことが理解できるかもしれない。そうした理解の後に、本当の姿の相手（軟弱あるいは醜悪かもしれない）を受け入れようと願うなら、相手に自己改善のためのゆとりを与えることで、彼らは問題解決の突破口を探し当てられるのだ。

語学の個別補習授業に出ていた敏敏《ミンミン》が、ある日、血相を変えて先生のところへ抗議に来たのを覚えている。敏敏は、個別授業が1時間目になっているのは「不公平」だというのだ。どうしたことだろう？

「1時間目だと、ぼくが宿題を間に合わせるチャンスがなくなっちゃうよ」。ちびっ子は口を尖らせて、今にも泣きべそをかきそうな表情だ。「知ってる？　語学の宿題ってすごく多いんだけど、ぼくはよく忘れちゃうんだ。だけどぼくは先生に宿題を出せないのがたまらなくいやだ。授業が午後だったら、午前とお昼の時間を使って終わらせることができるから」。みんなから、授業が嫌いで教室にも入らない子どもと思われている彼の口からこんな言葉が出てくるなんて！　先生は何も言わず、すぐに予定表をめくって時間を調整した。その日から現在に至るまで、敏敏は仕上げてきた宿題を時間どおりに嬉々として提出している。こうして授業を受ける喜びが敏敏の心に開いたのである。

台湾の伝統的な教育では、感情の表現をあまり奨励しない。喜怒哀楽を表に出さないことが求められる。怒りは間違いであり、他人に嫉妬してはいけない。男は簡単に涙を見せるものではない。こわいのか？　なんて情けない！　というように。これに似たことが教育に対する態度にも見受けられる。私たちの生活に根深く宿っているもの、それが人を抑制的にし、感情をいつわり、人前で本当の自分を隠すようになる。そんな仮面を長く被っていると、自分にさえ自分の本来の姿がわからなくなっていく。

この2年間ずっと、種子学園では人と人との、本当のコミュニケーションの可能性を取り戻すことに努めてきた。この可能性は学園の大人たち（先生と保護者を含む）に自分たちの成長過程を振り返らせ、反省させるものでもあった。情緒面で受けた挫折感は人格面での成熟を難しくし、それによって子どもとのコミュニケーションの形態にも根本的な変化を与えてしまう。それゆえ、種子学園の先生と保護者は、学校の営みの道程で積極的に成長過程に参加し、グループでの相互交流のなかから、自らの観念と態度とを1つひとつ見つめ直しつつ、子どもたちとともに成長できる喜びを分かち合うのだ。

2 大切な感情を守る

大きな、大きな太陽のもと、小さな子どもたちがみんなで「充電柱（訳注：柱を基地に見立て二手に分かれて遊ぶ中国の遊び）」をして遊んでいる。新しく塗られたグラウンドの草みどり色が小さな身体を際立たせ、子どもたちの素早い動きは、夏の午後の日差しを浴びて飛び交うトンボに似ている。

青々とした天空に照り映えながら、新しく備えつけられたバスケットゴールが、子どもたちにバスケットボールをしにおいでと、呼びかけているようだ。そんなわけで早朝、授業のない時間、あるいは授業と授業の間の10分間の短い中休みのいつでも、大なり小なりの子どもたちが大きなバスケットボールを抱えてグラウンドで走ったり跳び上がったりしているのが見える。

しかし、グラウンドはたった1つしかない。大きな子どもたちが猛烈な勢いで速球を投げ始めると、小さな子どもは鼻をかきながらグラウンドを出て行くしかなかった。彼らは何も言わないが、決して快いものではないだろう。

鈴霊《リンリン》は愛くるしい女の子で、とろけるような笑顔、つぶらな瞳で、誰にでも可愛がられる。

彼女の怒ったときのすぼめた口、斜めに睨む目つきでさえ可愛らしい。おじさんたちはとりわけ彼女のことがお気に入りで、鈴霊をからかっては、彼女が地団太踏んで走って行ってしまうのを見て喜んでいた。ときにはジョークで「君を売っちゃうぞ、それでもいいのか」とからかいもした。

もちろん、鈴霊だっておじさんたちがわざと彼女をからかって遊んでいるだけだとはわかっている。わかっていても気分が悪かった。最悪なのは、こちらが怒っているのにもかかわらず、おじさんたちは笑っていて、自分の怒っている様子がほかの人の楽しみの種となっていることだ。鈴霊にとっては不愉快極まりないことだった。

俊彦《ジュンイエン》はママの天使で、一家の癒やしだった。3人の子どものなかで俊彦だけがママに心配をかけないし、授業の準備はいつだって申し分なく、放課後になるとまっすぐに家に帰るという具合だったからだ。先生も、いつもママの前で俊彦のことを、学業・人格ともに優秀で、責任感も強く、礼儀正しいとほめちぎった。ママはどこに行くにも俊彦を連れていったし、いつも俊彦を例に挙げては姉と弟を叱りつけていた。さらに俊彦はママから弟の世話も任せられ、弟を俊彦のような優等生にするよう言いつけられていた。

しかし、俊彦はとても悩んでいた。ママが自分のことをほめそやすのがいやだったし、弟に教えるのもいやだった。弟は俊彦に嫉妬して殴ってくることもあったからだ。でも、ママの怒りが恐ろしかったし、お前は自己中心的で、自分さえよければそれでよく、弟の面倒も見ないと思われるのもこわかった。だから、ただ耐えるしかなかったのだ。

あなたが彼らなら、どうするだろう？　球技をしている大きな子どもに抗議に行ったり、または鈴霊を笑う大人たちに抗議に行ったり、さらに俊彦のママに話をしに行ったりして、こう言ったらいいだろう！「そんなことをされるのはいやだ」と。それで問題解決だ。状況はよくなり、生活もそのまま続いていくはずだ。だけど、本当にそうだろうか？

そんなことはない！　現実の世界はほとんどそんなふうにはならない。小さな子どもの抗議に大きな子どもは仕返ししてくるだろうし、運が悪ければボールをぶつけられる。鈴霊だって怒っている？　だけど大人たちは彼女の怒っているさまを見るためにからかってくるのだ！　俊彦が本心を口にできないのは、俊彦自身の心配と恐れによる。心配と恐れが消え去る前に、いくら俊彦に話すことを勧めても、俊彦は自分のことを「話し合いをする」なんて簡単なこともできないようなばかだと思うだけで、結局のところ彼には何もできないだろう。

問題をそのままにしておくことを誰が望むだろうか？

もちろんそんなことは誰も望まない。だが、望まないというだけでは何も進まない。私たちが何もしなかったら、きっとこうなるだろう。小さな子どもたちは、心に鬱積した怒りで大きい子どもたちを敵視し、グラウンドを壊したり、あるいは自分たちよりも弱い子どもをいじめ始めたりする。黙り込むしかなくなった鈴霊の、大人への信頼は徐々に消え去り、ひどい場合、「美人薄命」という自暴自棄の言葉を信じ込んで、自分の存在自体が間違いのもとではないかと疑い始める。俊彦は家族との疎外感がより強くなり、ママの期待と自分の気持ちとの矛盾にさいなまれ、罪悪感に心が占領されてしまう。

私たちの暮らしのなかで何度こんなことが繰り返されただろうか？

では、私たちには何ができるのだろうか？　学校や教師によってやり方はさまざまだ。種子学園では、子どもたちに「すべての人が自分の大切な感情を持つ権利がある」ので、それを破壊する権利など誰にもないと教育する。自分の大切な感情を守るのは当然至極だが、いかに効果的に守れるかは時と場所など環境の違いによって異なる。これは一種の能力といってもよく、真剣に学ぶべき人生の課題でもある。

小さな子どもが生活討論会で自分のいやな気持ちを話すと、みんなが、そんな思いをさせるのはよくないと賛同した。そしてみんなでグラウンドの使用原則を討論した。最終的に、グラウンドは球技を行う生徒の使用を優先（バスケットゴールがなければシュートを決めることは無理なので）としたが、みんなが「充電柱」をして遊ぶための3つの場所を考えてくれたおかげで、誰も悔しい思いを味わうことがなかった。今は、子どもたちの姿がいっせいに太陽のもとで飛び回っている。

鈴霊はどうなったのだろう？ 鈴霊は大人を見分けることを学んでいる最中だ。「言ってわかる」大人に対しては自分のいやな感情を真剣に言葉で訴え、もう二度とからかわないように要求する。「言ってわからない」大人に対しては、彼女はもう怒らないようにした。聞こえないふりをして聞き流してしまうと、徐々に大人たちはおもしろくなくなって、自然とからかうこともなくなった。

俊彦が自分の感情と家族との関係を整理するには少し時間が必要だ。先生は彼に何も教えることはなく、ただ彼に付き合って、彼の困惑をじっと聞き続け、精神的に支えている。俊彦が自分でもう大丈夫だろうと思うときがきたら、適切な方法を探し出すまでだ。

私たちは信じている。大人であろうと子どもであろうと、誰もが自分の大切な感情を守る能力を持ち合わせていることを。多くの人たちは、犠牲、忍耐、愛など大きすぎる帽子を被らされて、自分の大切な感情を守る勇気がない、あるいは守ることの重要性を知らないままでいる。

そのせいで他人の感情を尊重することを知ることもない。こうして多くの心が傷を負うのである。

私たちはすべての道徳の源流――自分や他人の大切な感情に対する尊重と保護、そこへと立ち返ることはできるだろうか？　そうできれば人間社会のいさかいはいくらか減って、温かい感情がいくらか増えるかもしれない。

3 好意によって悪い結果をもたらすな

学園が信賢に移ってから保護者が子どもを送り迎えするのは、かなり無理なことになってしまった。車で往復2時間の路程は、時間に追われるように出退勤しなければならない保護者にとっては恐ろしい負担になった。貸し切りバスを使えばいいじゃないか、という向きもあるだろうが、30数名の子どもでバスの費用を分けるにしても、それを負担できる家庭はほとんどなかった。だが、私たちが必要としていたのはそこでの教育だった。どうすべきだろう?

学園が問題に直面したとき、いつも教師と保護者が話し合って解決策を模索してきた。話し合いの結果、引っ越しも1つの手段だということになり、10数軒の家庭が学校の移設に伴って付近の団地まで引っ越すことになったし、自家用車を持つ先生全員が、子どもの送り迎えを分担して受け持つことになった。その他、主要な交通網から外れて住んでいる、年齢が大きい子どもたちは公共のバスで烏来まで来て、先生の車がそこを通過するときに乗せてもらい、信賢まで来ることになった。

辰辰《チェンチェン》は4年生で、自宅はどの先生の車も通過しないところにあった。そこから烏来まで来るのにバスの乗り換えが二度も必要なだけではなく、信号もない大きな道路も渡らなければならない。通学時間が長いことも問題ではあったが、車内で眠ってしまったり、降りるバス停を間違えたりなどの安全面もひどく心配な問題として存在した。

「私たちの家に住んだらいいよ」。子どものために学校近くに引っ越した白雲《バイユン》のお母さんがそう言ってくれたおかげで、辰辰の通学問題はいったん解決した。

他人の家での寝泊まりはいくらか慣れないこともあったのだろう、辰辰はお母さんに家から通学させてくれと頼んだこともあった。だが、お母さんは外で暮らすのは週4日だけ、それに白雲のお母さんも辰辰にこんなによくしてくれる、何もわざわざ苦労することもないだろう、と思い、自宅からの通学を許さなかった。白雲のお母さんも、辰辰に「住み心地はどう?」と聞いたが、物事をわきまえている辰辰はいつも頷くだけで何も言わなかった。夜になると、辰辰は白雲と一緒に宿題をしたり、将棋を指したり、遊んだり、家事も手伝ったりしていた。そうして1日1日が過ぎていったが、大人たちは誰も辰辰が本心ではいやがっていることに気づいてあげることができなかった。

ある日、白雲と辰辰はけんかを始めた。2人のけんかはなかなか終わらず、白雲はついに怒りのあまり言い放った。「ぼくがこんなにやさしく、おまえのことを家に住まわせてやっているのに、おまえはまだ……」。この言葉を耳にした辰辰の目から、涙が堰を切ったように流れ出た。「おまえはぼくが好き好んでここにいると思っているのか？　ぼくだって家に帰りたいんだ。だけどママがどうしても許してくれない。ぼくだって本当は人の家になんか住んでいたくない。車に乗って通学したいんだ」。

白雲のお母さんは辰辰の様子から、怒りのせいで吐き出した言葉ではないと感じた。子どもたちのけんかを収めると、次の日、学校へ行って辰辰の担任の先生にこのことを報告した。先生も理解を示した。「それはそうでしょう。辰辰は私にも言ってきたことがありましたよ。彼は自分で登下校をしたいようです。だけど1つには彼のお母さんが安心できないということ、2つにはあなたの好意に背くのを恐れている、というわけで……」。

「先生は辰辰が自分でバスに乗って登下校することをどう思われますか？」白雲のお母さんが尋ねた。「子ども自身に任せてみるのはどうでしょうか。辰辰がどうしてもそうしたくても、大人が賛同しなければいけないなら、彼だってもちろん言い出せないでしょうから。あの子の年齢、物事の対処のしかたから見るに、登下校はそれほど問題にはならないと思います。ここは1つ、お母さんたちで子どもにチャンスを与えてやるのはどうですかね？」と先生は提案した。そこで、辰辰と大人たちは話し合い、まずは2日間だけ試してみることにした。次に2日間を1週間に延ばしてみたが問題なかったので、1週間後には1人での通学を決定した。こうして辰辰は家に戻り、1人でバスを乗り換えながら通学する子どもの1人になった。
ある日、白雲のお母さんは学校のグラウンドのほうから喜び勇んでやってくる辰辰を見かけ、彼がちょっと見ぬ間に背が伸びているのにハッと気づかされた。彼女は学校から戻ると辰辰のお母さんと、早く気づいたおかげで、大人の好意が子どもの成長の負担にならずに済んだことを話し合った。

子どもの成長過程を振り返ると、これに似た状況がよく起こってはいないだろうか？　大人たちはよく子どもにこう言う。「おまえ自身のためなんだぞ！　だからああしろ、こうしろと言うんだ」「もしもおまえが、うちの子（あるいは生徒）でなかったら、こんなこと言うはずもないだろう？」愛情の多くが実際には支配の化身だということは、案外知られていない。とりわけ親は、子どもに完全を求める傾向がある。もしも大人がこれを自覚していなければ、「よい動機によって逆に破壊的な結果が引き起こされる」といった残念なことも起こりうる。それゆえ、種子学園の先生は、子どもや同僚を手助けするなかで、徐々に敏感に察知する、受動的風格を備えるようになっていった。緊急の危険がある場合を除き、私たちは常に「助けを求める者が必要性を感じるとき」まで待って、そのときがきたら初めて手を差し伸べるのである。

あるとき、何人かの子どもが学校の柱に登ったときには、保護者の1人が怒り心頭に発して学校の責任者に会いに来た。先生が誰も注意したり制止したりしなかったことに、保護者は文句を言いたかったのだ。先生の会議でこの件が話題に上ると、3人の先生が説明した。先生たちはすでにその柱の高さと子どもたちの能力から見て、何の問題も起きないはずだと判断していた、だから何もせずに見ていたということだった。

だが、「万が一」のことが起こったら？　そう質問する人がいるかもしれない。それに対する私たちの考え方はこうだ。そんな仮定としての「万が一」に備えるために、子どもが自ら深く経験を積むチャンスを摘み取ってしまうことこそが賢いやり方ではない。ゆえに緊急の危険が存在する場合のみ、あるいはとりわけ精神的状況から見て矯正を必要とする子どもの場合のみ、大人は子どもが備えるべき相応の態度を確立するための手助けをする指導者、ひいては保護者としての役割を演じればいいのである。

その実、大なり小なりこの種の似たような考え方は、学園の大人たち（教師と保護者を含む）の心を常に取り巻いている課題でもある。

私たちは信じている。危険への鋭敏さ、強がらずに助けを求める習慣、それらを子どもたちに習得させることは、彼らの人生においてとても役立つということを。子どもたちに付き添いながらこの段階の成長過程を歩む私たちが、実際に子どもたちに教えることはあまりない。伝えたいことはただ1つ、この世界では誰かがきっと、あきらめず、離れず関心を持っていてくれて、彼らの歩む速度と足並みを受け入れてくれる、そして必要なときには手を差し伸べて助けてくれる、それだけなのだ。

4

子どもを受け入れる≠受け入れる行為≠子どもに賛同する

教育は本当に繊細な仕事で、科学であるとともに芸術でもある。実践者にしてみれば、すべての教育原則は往々にして「知るは易し行うは難し」である。ときによっては「知る」ことさえもそれほど容易なことではなく、だからこそ多くの誤解も生じる。

世間の人々あるいは一部の教育従事者は本学園に対して大きな誤解をしている。彼らは「子どもを受け入れる」こととは「完全に子どもに賛同する」こと、さらには「子どもの言うことに耳を傾ける」ことは、すべての善悪の基準を放棄して「子どもに調子を合わせる」ことだと勘違いしている。実際、学園での指導の重点の1つはそれぞれ異なる子どもたちすべてを受け入れることだが、だからといって不当な行為や行きすぎた情緒反応をも受け入れることはない。子どもを間違った方向へと導き、状況がより悪化することがないようにするためだ。

実験室備品の盗難騒ぎもその典型的な例だ。

学園実験室は開放されている学習エリアの1つだ。今学期は小科学者実験室という団体から一そろい安全器具を提供してもらったこともあり、子どもたちみんな1つずつ自分だけの簡易実験用具と薬品とを与えられた。実験室では、誰かが毎日何やら怪しげな実験を行っていて、とても賑やかだった。

だが、すぐにある子どもが生活討論会の場で、自分の実験用品がいつのまにかなくなっていると報告したのだ。しばらくすると状況は悪くなっていったが、誰が持ち去ってしまうのか、依然としてわからなかった。実験室はどんどん乱れてきて、盗まれた子どもたちはますます増えて、みんなの怒りも増大していった。

「このままではだめだ。生活討論会の場で真剣に話し合うべきだ」。胡子先生はその日の当番の主席からの要請を受け、討論会の司会として出席した。先生たちは心の底でこう思っていた。誰が盗んだのかわからなくても、子どもたちにはこの一件は重大な問題なのだと知らしめなければならないと。

盗難にあった子どもの怒りは討論会の場で解消していった。みんなの疑いの矛先が数名の子どもたちに向けられ始めると、先生たちは会議の進行を補助しつつ、疑われている者の心理にも気を配っていた。このような雰囲気が子どもたちに安心感を与えたのだろう、ようやく1人の子どもが勇敢に名乗りを上げ、一部は自分が取ってしまったと認めてくれた。「ぼくは自分の物を誰かに盗まれたから、ほかの人のを取っちゃったんだよ。これからはこんなことはやりません」。その場のすべての子どもたちが感情をこらえきれず彼に拍手を送った。次々とほかの子どもたちも名乗りを上げると、彼らもみんなからの励ましと許しを得ることができた。

こんな体験を経ると、子どもたちは自分の問題行為が他人を害するのだと真に悟り得るし、間違いに率直に向き合ったとき、彼らへ向けられたみんなからの支持によって、今後は類似の問題を抑えるようになるだろう。


宜珮《イーペイ》先生が明明《ミンミン》に歯磨きと入浴をさせたことも興味深い例の1つだ。

明明は宜珮先生のことが大好きで、どんなときでも先生にくっついて離れなかった。だが、宜珮先生はときどき明明の身体が臭いことに気づいていた。どうも衛生上の習慣に問題があるようだ。はっきり言ってしまう手もあったが、子どもの自尊心を傷つけてしまうことが心配だった。逆に何も言わないのも適切ではないだろう。とうとうある日、宜珮先生は何気ない調子で明明にこう言った。「明明、私は君のことが大好きよ。だけど、君に近づくたびに君の身体や口が臭いので、気持ちが悪くなってしまうの。お風呂に入ったり歯磨きをしたりすることを忘れないでね。そうすれば私たちはもっと近くで話ができるから」。

明明は恥ずかしそうに笑った。それからの数日間、明明が歯磨きや入浴を忘れなかったら、宜珮先生は「一緒にいるのが気持ちいい」とはっきりと伝えた。逆に彼が忘れてしまった場合は、先生は何も言わず、ただ一定の距離を置いて明明と話をした。こうしてすぐに明明は真っ赤でつやつやしたリンゴのように清潔な子どもになっていった。

学園が始まったばかりのとき、ほかの人に対して悪意のある冗談を言ったり、攻撃的な言動を取ったりする子どももいた。このような行為をするのは、子どもを放任している家庭の子ではなく、その子自身が拒絶され、強制され、あるいは権威主義的に扱われてきた経験を持っていることに、先生たちは気づかされた。彼らは自分の感情を抑制しているだけではなく、他人の焦りや苦しみに対しても極めて疎かった。

子どもにこんな気質を植えつけてしまった原因は家庭にある。だから保護者に誠実に説明し、子どもの行為を改善するために、親と教師が共同して真正面から取り組む、それだけが現実的解決の道だ。仲間たち、教師そしてその生徒との間の誠実な交流、それもまた彼らに他人の思いを理解させ、徐々に他人の感情への共感力を育み、さらには社会の規範の理解と睦まじい人間関係の助けにもなる。

冬冬《ドンドン》と雲雲《ユンユン》はけんかをしたことで仲がよくなった。小さなとき、犬に咬まれた経験を持つ雲雲は犬をとてもこわがった。その恐れ方は尋常でなく、犬を見かければ遠回りするほどだった。あるとき、冬冬が巻き毛の子犬を抱いてやってきたので、雲雲は自然に身体をそらして避けた。犬をこわがる子がいるなんて信じられなかった冬冬は、笑いながら子犬を掲げて雲雲の顔に押しつけた。身をかわすこともできず雲雲は、焦りと怒りのあまり冬冬に飛びかかると無我夢中で取っ組み合った。それに驚愕した冬冬は、いたずらが他人にこんなにも激しい怒りと苦痛を与えるのだと初めて気づき、家に戻るとお母さんと長いこと話し合った。後になって親友となった冬冬と雲雲は、ときどきこの事件を話題にする。

私たちはいつも言うのだが、学園が1人の子どもを受け入れるということは、子どもと一緒にその家庭も受け入れることを意味する。子どもが学園に通うことによってよい方向に変わったら、その家庭も学園を積極的に支援する力となってくれるし、さらに他人にも寛容となり、他人の成長にも尽力してくれるだろう。そうでなかったら、本学園はすぐにその子どもを失い、同時にその家庭の恨みも買うことになる。

私たちの能力の如何にかかわらず、これは本学園の十字架である。私たちはそれを背負ったまま前進するのだ。

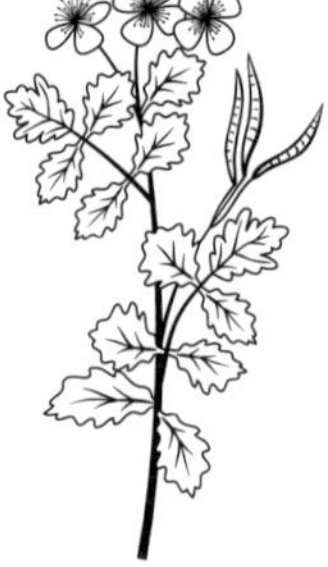

第4章

恐れないことと責任を負うこと

状況に合った期待どおりの結果を子どもが出すことを信じ、危険を察知する能力を育み、必要なときは大人が手を差し伸べ、助けることを理解させる。そうすると、子どもの心から恐怖が消え、自然にその足は大きく前に踏み出されていく。子どもたちが心からやりたいことをさせる――それが種子学園の先生の持つ原則の1つだ。だから、種子学園の子どもたちが険しくそそり立つ岩壁をよじ登っているのを見ても、渓流で魚を捕まえようとしているのを見ても、ロープにぶら下がっているのを見ても、叫び声を上げたりしてびっくりしないでほしい。彼らは安全の基準をわきまえているのだから。

1　夢を追う

暖かい5月の風に包まれながら、大人と子ども数人が一緒に山登りを楽しんでいる。背の高いアブラギリの木々が真っ白い花々を地面に撒くと、山の小道には厚みのある絨毯が一面に敷き詰められる。まっすぐに伸びたトキワススキの茎の隙間を通り抜けながら飛び回る小さなホタルに、夜の道を歩む人々は思わず息をひそめる。

「あなたはどう思う？　今日、私はオフィスで1日考えていたの。この学校はどうしてこんなに私たちを引きつけるのかってね」。子どものために毎日、台北と新店《シンディエン》（訳注：台北市の南郊に位置する新北市が管轄する区）の間を行き来している平平《ピンピン》のお母さんが突然、あたりに広がる深い静けさを破って、彼女しかその答えを知らないような質問を投げかけてきた。

「私はずっと、この学校と私が身を置く環境がとても違っているってことを思っていたんだけど、どこが違うのか、どうしてもわからなかった」。平平のお母さんの静かな話し声を聞いていると、まるでほかの家庭のことを話しているのかと思えてくる。「今日になってようやくわかった。ここは懐が深くて、禁止事項や束縛が少ないのよ。最も大きな違いは、自分が役に立てると思えること。自分が何かの役に立つ、こんなふうに思えるなんて、なんて素晴らしいのかしら」。

そうなのだろうか？　とっくに自分たちを追い越して前を歩く子どもたちの姿を見つめる数人の大人の唇からゆっくりと温かな笑みがこぼれていった。そうだった！　なんて不思議なのだろう。1～2年前、私たちはみな、子どもの教育に関してためらいと嘆息を繰り返していた。子どもの青白い顔と沈黙している様子を見て、何もできず歯がゆい思いをしていた。今、子どもたちは楽しそうに山や谷川を駆けていく。学校生活も授業も、もはやどうしようもなく重い負担ではなく、1人も大人から見捨てられることもなく、善悪のレッテルを貼られる子どももいない。1人ひとりみんながとても重要なのだ。これこそが私たちが心から待ち望んだ学校だったし、私たちはその学校を創り上げたのだ。なんて素晴らしいのだろう！

本当のところ、学園創立に関わってくれた保護者たちが切望していたもの、それは子どもを信頼しつつ、子どもの学習と探索をサポートしてくれる教育環境だった。だが、そんな環境はいかにしてつくり出せるのか？　みんなが持っていたものはただのぼんやりとした構想だけで、誰も実際にはどうすべきなのか知らなかった。この2年間というもの、私たちは実験、模索、修正を繰り返しながら徐々に実行可能な取り組み方と制度を確立してきた。この経験が私たちに確信させたものは、本当に何かをしたいと切望して、それに向かって実際に行動を起こせば、一歩一歩「夢」は現実に歩み寄ってくるということだ。

困難は多かったか？　そう、確かに多かった。法令、制度、教材、教育方法、教師と生徒との関係、資金調達、保護者と教師との話し合い、社会観念など、どれもが思索と対応が必要なものばかりだった。大なり小なりのさまざまな困惑が学園従事者の心に常にまとわりついていたが、そのなかで一番大きな困難は、自分への希望と理想の実現への懐疑であり、そのことがみんなを苦しめた。

だが、苦痛に直面したとき、願望を果たすことへの積極的な心を持っていたことで、やるせなさや気落ちという消極的な思いを抱かずに済んだ。今までの小さな成功と目に見える未来への希望、それはこの事業に参加した教育従事者たちを勇気づける。今までの出来事の一部始終やかつて一緒に歩んできた協力者たちを思えば、感謝と祝福の思いが湧き上がってくる。

夢はあえて抱かない、これは人生最大の悲劇だ。夢がありながら実現できない、あるいは実現する勇気がない、それは人をひどくがっくりさせ、やるせなくする。人生がそんなやるせないことばかりだったら、やがて、それが習慣化してしまう。そして現実と妥協しながら、夢をあえて抱かず、追求もしなくなってしまう。この灰色の悪循環は、以前から子どもたちの学習プロセスにも存在し続けてきた。それは子どもの自信と勇気を著しく傷つけ、個人と社会の意欲をそぎ、創造活動に必要な願望と能力を萎えさせてしまう。学園創立の当初、保護者たちはそのことを深く憂慮していた。

だから私たちは本学園を創立して、子どもと教師に最大限の信頼と支持を与え、彼らに本当にやりたいことをやらせてあげたいと思ったのだ。同時に保護者や教師と等しく、子どもたち自身も実践のなかから、責任、協力、反省、改善および自らの理想を堅持することを学び、将来、優秀で有望な、立派な人間になることを期待したのである。

本学園を支えてきたのは、喜捨助縁（訳注：仏教用語。「喜捨」は寺院に寄進すること、「助縁」は助けとなる縁のこと）と、現実に屈しない精神だった。そしてその精神はここで過ごす人々の責任感をさらに強くしてきた。私たちは知っている。「自由」と「責任」が同時に1人の個人のなかに放り込まれると、彼は「善」を目指して人生の道を歩んでいくものだと。

本学園で何かをするとき、誰かの指示を仰いだり、相談したりすることはあまりない。ある人が何かを担当するなら、その人が自分で決めていけばいいのだ。意見があるならはっきり言えばいいのであって、無益な推測や憶測をする必要もない。職場のクリアな雰囲気は、いらない気遣いを減らし、その分もっと意味のあることに力を注げる。

2年が過ぎ、学園の教学と全体的な運営状況が安定してきた。子どもたちの成長に合わせ、本学園も中等部を設置すべきか？　ある保護者が学園委員会に中等部設置の議案を提出し、委員会で討論後、決議するよう要求してきた。

「学園委員会はこの件に関与できないでしょうね！」1人のお母さんが笑いながら言った。「誰かが中等部設置を望むなら、その人たちで始められるでしょう。確かに困難も伴うでしょう。当時、私たちが小学校を創ったときだって同じだったのだから」。

こうして資金も土地もないが、人に対する信頼と教育に対する信念を強く持つ人々が、共同で助縁を探しつつ、理想とする中学校を創立するために集まろうとしている。

私たちは信じている。もしも何か（悪いことではない）を真剣にやりたいと思うなら、努力すれば必ず現実のものになると。あなたは、その助縁の人になりたいだろうか？

2 種子学園教師の三面六臂

「来てみろ！　1対6だ。この舒跑《シューパオ》先生が君たち相手にどれだけ持ちこたえられるかやってみるか？」

旅行の最終日のことだ。今年卒業する6人の男子はみんな背が高い。彼らは敬愛する担任の先生に対して相撲で挑戦したのだ。四方を機敏に飛び回り、身のこなしがすばしっこい舒跑先生、四方八方から取り囲んで押し寄せる大きな子どもたち、そのどちらもが相手を短時間でうまく制圧してやろうとしていた。板張りの床がギーギーと音を立て、傍らで見物している者たちも笑ったり叫んだりしている。流れる汗と荒い息遣い、それらが1つとなって、激戦だったバスケットボールのチーム別対抗練習試合を思い出させた。

別の部屋では女の子数人が静かにスケッチブックを取り出して、宜珮《イーペイ》先生がうつむいて本を読んでいる姿を描いている。だが、ときどきスケッチブックを閉じてモデルと構図や比率に関しての討論もする。胡子《フーズ》先生はカメラを持ち出してあちこち撮影しまくっている。佳仁《ジアレン》先生を取り囲む十数人の子どもたちは、何組かに分かれて、異なるトランプ遊びに興じている。夜風に乗って流れゆく黎光《リーグァン》先生のハーモニカの音色は遥か彼方まで響いていく。子どもたちを連れてホタルを見に行って帰ってきた淑貞《シュージェン》先生は志碩《ジシュオ》とゆったりと話をしている。そして私は紫色の藤棚の下に座ってこの文章をしたためていた。学校の留守を守っている同僚に思いを寄せると、心は幸せを感じることができた。

種子学園が保護者によって創立された学校なら、本当に学校を治め、子どもたちを生き生きとさせたのは種子学園の教師たちだ。

当時、種子学園の前身である芋虫学園が教師を募集した際に、応募者が師範学校での専門的なトレーニングを受けた経歴を持つかどうかなど気にしなかった。むしろ人格的特徴、たとえば大人としての権威を脱ぎ捨てることができるか否か、胸襟を開いて一緒に学園を築き上げ、本学園を自分自身の事業としてともに努力していけるか否か、ということが重視された。

種子学園の教師たちの協力は有効で特別だ。誰の指示も仰がず、ただコミュニケーションがあるだけだ。ある人が何かの任務を負えば、その人が最大の企画、分配の権限を持つ。ほかの人はただ協力者の地位に立つに過ぎない。求められれば、意見を述べるか何らかの手助けをする。そんなわけで、「鉄の肩で責任を負う」、これが種子学園の教師の特徴になっている。担当者が思う存分、仕事に集中できるようにするため、学園には上下関係がなく、あるのは役割と職務の別くらいである。

2年間、ここの教師たちは挫折、懐疑の道を辿りながら、新しく学園に加入してきた教師と協力しながらよりよい師弟関係を模索してきた。そして徐々に学園のカリキュラム、教材をつくり、さらには毎日の触れ合いを通じて子どもたちに、自尊心、自信を取り戻す手助けをし、家庭との協力（あるいは変革）によって子どもの自主的学習の習慣と能力を育もうと願ってきた。

このような職務には何ら模範となるものはなく、教師たちはいつも鳳凰のように、心に火の洗礼を浴びて、再び歩き出したのである（訳注：鳳凰、いわゆる火の鳥は、数百年に一度、火のなかに身を投じて再生するという故事）。自分からの、あるいは他人からの質問は、どれもが通過すべき関門であって、そのすべての路程は教師たちの自己実現の路程に等しいともいえる。

本学園にやってくる家庭は、本質的には子どもの成長に高すぎる期待（成績の良し悪しではなく、学習への態度と能力）を持つ。それゆえ、教育の質と教師の教育効果に対して完璧なものを求めがちだ。種子学園の教師たちが自分の役割と仕事にはっきりとした理解と揺るぎない自信がなければ、重要な場面で問題を見極めて解決することは難しいだろう。

低学年の葦児《ウェイアール》は、絵を描くのが好きで、いつも美術工作室で1人楽しそうに絵の具を塗りたくっていた。だが、葦児の両親は絵画を重要視せず、葦児の学科の勉強がほかの子どもに及ばないことばかりをただ心配していた。家で葦児を責め立てるだけではなく、語学、数学の成績がよくなるように教師にも協力を求めていた。

葦児の担任の先生は教師会議で葦児の総合的な学習状況についての討論を求めたが、その結果、葦児の学習状況がそれほど悪くないこと、ただクラスの一部の子どもたちの学習がとても早く、彼らと比較して両親が不足に感じていることがわかった。先生たちは両親と話し合ったが、状況は改善しなかった。葦児の両親は家での学習量を規定したが、逆に子どもの反発と挫折を招いた。

葦児の担任は何度も悩んだあげく、そのようなやり方は学園の理念に相反し、子どもに無駄な混乱を与えることになるのでよくないと、両親にはっきり告げる決心をした。

「私たちはたぶんこの子を失ってしまう」。葦児の先生はとてもつらかった。「だけど子どもを板挟みの状態にしておくことはできない。もっと大きく傷つけてしまうから」。ほかの先生たちもそう言い、彼女を慰め、支持してくれた。そうなのだ。家族からのサポートがないまま、子どもの主体的な学習姿勢と習慣を育もうとしても効果は半減してしまう。とりわけ子どもが小さいほどそうだ。

もちろん、学園の教育も子どもの学習意欲を満足させられないときもある。子どもや両親が問題を提議してきたとき、教師は反省し改善すべきだ。教育と学習との間のバランス、その実現は本学園教師として避けられない重大課題であって、すべての教師が常日頃から反省し、改善する心の準備が必要である。

学科の教育でもそうだし、生活教育または学校行事においてもそうである。学園で初めてフリーマーケットを開催したときのことを思い出す。当時、みんなまだ伝統的な面子《メンツ》の問題を克服しておらず、会場が賑やかでなかったらどうするとか、子どもがはめを外しすぎたらどうするとか、露店の質が低かったらどうするとか、そんなことを心配していたが、しばらくするとみんな吹っ切れた。

行事はうまく見せるためのものではなく、「誰かほかの人に見せる」ために、子どもに無理強いしたり、授業を犠牲にしたりする必要はまったくない。子どもの実力のとおりに表現されていればいいのである。これ以降、本学園ではいかなる行事も、自由に実施されるようになった。

現在、私たちは運動会であろうが、学期末パーティーであろうが、係の先生は場所と時間のみ計画し、お知らせを張り出して応募を受け付ければ、後は太公望（訳注：太公望呂尚。中国古代、周王朝建国の功臣。釣りをしていたところ、周の文王に見いだされたという伝説がある）が釣りをするように悠然と待っているだけでいい。大人でも子どもでも自ら率先してアイデアを出し合い、劇の練習をするからだ。舞台の道具や背景までもすべてやってくれる。「子どもが応募しないかも、と心配ではないのですか?」こんな疑問もあるだろう。だが、これまでの経験が証明するように、大人が子どもを挫折させなければ、子どもというものは、実際は非常に責任感が強く主体的だ。

もちろん、先生たちの身をもって教育する精神こそが、子どもを動かす最大の原動力だ。

私たちはバランスがよく多彩な学習環境を築くことをずっと望んできた。今、私たちは確信する。恐れず、主体的な精神を持ち、教育と芸術を深く理解している教師たちであったからこそ、自由で自尊心を持った子どもを育てることができたし、自主性に富んだ学習をするこの学校を創り出せたことを。

3 自分が本当にやりたいことをする

「来月第1日曜日に団地の園遊会で公演してほしいと、森林幼稚園から劇団にお誘いがあったが、誰か行きたい者はいるか?」本学園の常設劇団「真仮仙」で団長を務める黎光先生が劇団員に尋ねた。「ぼく!」「わたしも!」いくつもの手が挙がった。当日、すでに予定が入っていて参加を望まない者以外、合計5人の子どもたちが参加を表明した。副団長の胡子先生を加えた7人の小チームは、昼休みを利用して練習を開始した。

何の劇を演じる? 「引っ越し物語」は? だめだ! 「森の冒険記」は? だめだ! 「羊谷の伝説」は? だめだ! これもだめ、あれもだめ。なら新しく劇をつくっちゃうってのはどうだ? それがいいよ。だけど誰が脚本書く? 3つの小さな手が挙がった。よし、それじゃあ、みんなが書いた物語を読んでからもう一度話し合おう。

脚本が仕上がり、みんな騒々しくさまざまな意見を出した。3つの劇それぞれいいところがあったので、すべてを舞台に加えることとし、配役を決め、立ち位置を確認し、舞台稽古も始めた。

子どもたちは家に帰ると、部屋のなかを行ったり来たりしながらセリフを覚え、表情の練習、道具の制作もした。先生も家に帰ってから効果音楽を選んだ。公演当日、大人も子どもも一度舞台に上がって位置を確かめてから、園遊会でおいしいものを食べるため、うきうきと出かけていった。

「あなたたちの子どもの演技ったら、なんて自然なの！」団地のある母親がほめてくれた。「編集と監督、どれにも子どもの名前が書いてあるけど、本当に子どもたちが自分でこれをつくったんですか？」

もちろん彼ら自身に決まっている。学園の子どもたちはいつだって嘘をつく必要などない。彼らは本当にやりたいことをサポートしてもらえる。今までだって驚くべき成果を上げてきた。「どうやって子どもたちにこんな学習をさせているんですか？」母親は真剣な様子で根掘り葉掘り尋ねてきた。

子どもたちを信頼し、状況に合った期待どおりの結果を子どもが出すことを信じ、必要なときは大人が手を差し伸べ、助けることを理解させる。そうすると、子どもの心から恐怖が消え、自然にその足は大きく前に踏み出されていく。

「できなかったらどうするのですか？」

子どもたちができなかったり、やりすぎたりする場合には、必ず何か原因がある。大人が偏見を持たず、最初によく話を聞いて理解して、話し合ったり手助けしたりすれば、徐々に子どもたちは責任を持つことを覚えていく。

本学園の子どもたちは校外学習にしばしば出かける。毎学期、必ず一度は4泊5日の大旅行があるし、子どもが自分を抑えられない場合を除き、各学科の先生たちも学科教育の性質と必要性に合わせ、子どもたちを連れて外に行く。

美術工作クラス2年の子どもたちは、毎月一度は「美への訪問」の郊外活動がある。それは美術工作クラス1年の子どもたちの羨望の的となっていて、彼らも宜珮先生に一緒に連れて行ってほしいと頼んだ。宜珮先生は「天兵（訳注：勇敢な兵士のこと）」にはっきりと伝えた。「あなたたちの授業での様子が私を安心させるようでなかったら、あなたたちを外に連れて行くなんて考えられないわ」。1年間の指導によって、1年生たちも大いに進歩を果たし、今ちょうど、5月の大旅行に出かけているところである。

多くの人が、自主的学習の子どもはバラバラで自分勝手に振る舞うと思っているが、私たちの経験はまったく真逆であることを証明している。

私たちは子どもたちにいかなる行事の参加も強要していない。毎回、外に出かける子どもたちは、心から行きたいと思って出発する。子どもたちは落ち着いているし、その学習も自発的だ。疑問点をガイドに盛んに尋ねて討論をして、自分たちの見学が終われば他人の邪魔にならないところで遊ぶか、自分のことをやりながら同級生を待っている。

したがって、校外学習のとき、種子学園の先生たちは焦って子どもたちを整列させたり、笛を吹いたり、子どもを探したりといったことは必要ない。また子どもたちが公共施設を山賊のように破壊したり、見学場所で大声を張り上げたりすることも心配する必要がない。子どもたちは見学場所の規則を理解すると、みんなで静かに見学し、合理的に行動する。そして約束の時間になると、子どもたちは何も言わなくとも四方八方から戻ってくる。今回の台中自然科学博物館でも、私は時間を計っていたが、毎回の集合時間の誤差が10分と違っていなかった。なんて素晴らしい子どもたちなんだろう。

だが、この世に絶対的なものなんて存在しない。私たちも心から難しいと思う子どもに出会ってしまうときもあり、そんなとき先生はその子をそのままにしておくしかない。この場合の「そのままにする」とは見限ることではなく、大人たちが子どもに持っている期待をすっかり消し去り、もう一度原点に立ち返って最初からやり直すという意味だ。

2年生の君君《ジュンジュン》は授業が本当に大嫌いだった。授業時間、先生は学校の隅々まで、彼を探さなければならなかった。年齢が小さすぎて物事の分別がわきまえられないのだろうか？　君君がほかの子と討論をすると、話はすべて筋が通っていたし、口げんかでも引けを取らなかった。授業の鐘が響けば教室に入らなければならないことはわかっていたが、どうしても君君は授業を受けたくなかった！　だからわざと隠れて先生とかくれんぼをしたのだ。

情緒が安定していなかったのだろうか？　だが、彼は学校への恐怖心もなく、毎日、友だちと一緒にあっちへふらふら、こっちへふらふらしては楽しんできた。先生と彼のお母さんは、この子がどうしたら授業を受けるようになるのか見当もつかなかったので、率直に尋ねてみた。すると、理由など何もない、とにこにこして答えるのだった。この調子では教室に座らせても、心ここにあらずで、授業など耳に入らないに違いない。

「彼を放してやろう！」先生たちのアドバイスもあり、淑貞先生は君君にこう言った。「君君、あなたも知っていると思うけど、私たちの学校は子どもに無理やり勉強をさせたりしないの。あなたが授業に出ないと言うなら、私だって無理にとは言わないわ。だけどこれだけは知っておいて。語学、数学は勉強しないわけにはどうしてもいかないのよ。だから、自分で勉強できるならいいけど、もしだめなら、来年、再来年、またその次の年も、あなたは1年生のクラスにいて、入学したばかりのほかの1年生と一緒に勉強することになっちゃうのよ」。

君君は大きく目を見開いた。彼も知っていた。学校の先生が嘘を言っていないことを。しかし今でも彼は漂い続けている。私たちは待っている。彼がいつか落ち着くそのときまで。

4 危険を察知する能力を育む

以前、ある学校の生徒がアーミーナイフを振り回し、運悪く通りがかった先生を一突きして命を奪ったことが、新聞に載っていた。そのことで新聞紙面では、子どもが危険な道具を学校に持っていくのを禁止するべきだという論調が一時期盛んになった。

「いやいや、この学校では大部分の先生と子どもがポケットにアーミーナイフを忍ばせていて、山を登るときには山刀まで腰にぶら下げているなんてこと、もしも誰かが知ったらどう思うだろうな？」5年生の白雲、冬冬、如如《ルールー》、誠誠が白雲の家に集まって、遊びながらおしゃべりしていた。

「あいつらはナイフの切っ先を外側に向けちゃいけないとか、人に向けちゃいけないってことも知らないのかな？」みんなと同じように野外サバイバルの授業を履修している如如はまだ2年生だが、ナイフを使って青竹の外側の皮を剥く技術にかけては誰にも負けない。

「危険だなんて言ったら、いったいどの道具が危険じゃないっていうのかしら？ 料理の授業で使うガスコンロや包丁、理科の授業での硫酸や塩酸、農民科の授業での鋤《すき》や馬鍬《まぐわ》、いったいどれが危険じゃないものなんでしょうね？　不注意に歩道を歩いていたって、スズメバチに刺されたり、毒ヘビにかまれたりってこともあるのよ！　だけど、どうして普通の学校では道具の正しい使用法や、危険を察知する必要性を子どもに教えないんでしょう？　ただ単に禁止するだけで、最後まで子どもはいい子で座っていなくちゃならない。道を歩くにも転んで擦り傷を負うことすら心配するって具合なんだから！」白雲のお母さんも冬冬のお母さんも胆の据わった人なので、ほかの人がうじうじと、あれこれ心配する様子が気に入らないのだった。

本学園の創立当初、保護者たちは子どもの安全に関して何度も真剣な討論を繰り返した。最後に行きついた結論はこうだった。大人は子どもの一生をずっと守ってあげられるわけではないし、学校の先生だって一瞬たりとも子どもから目を離さないなんてわけにはいかない。こんなに自由闊達に育ってきた子どもは危険を察知する能力を育まなければ、事故の確率があまりにも高すぎる。したがって、学校と家庭が共同で子どもに危険への警戒心を育み、学校は子どもたち全員の保険をかけるなど、できる限りのことをする。

学校が信賢に引っ越して最初の授業も、安全に関する教育だった。

安全については口で説明するだけでは役に立たない。授業ではまず子どもたちをチーム分けし、チームごとに責任を持つエリアを指定し、安全探査に出発させた。1年生は校内を探査、舒跑先生のクラスには大きな男の子が多かったので、彼らが一番遠い歩道の探査、ほかの先生は子どもの体力に応じてエリアを指定し出発させた。午後に帰ってきた各チームは探査報告を提出し、そのなかで危険の可能性を指摘し、みんなの注意を促した。

子どもが自分たちの目と身体で発見した危険は、大人が想像する以上に多くて細かい。あるチームは図面を描いて説明するほどだった。討論によって学校内の危険が実際には一番多いことが判明した（これは非常に意外だった）。渓流や歩道に行くときは、誰かが付き添う必要があるという安全規則を、教師と子どもたちで決定した。次に林義賢先生から、信賢地区に生息する有毒昆虫およびその防護、救急措置、さらには傷の手当てまで、実物を交えた講義と実習を終えて、第1回目の安全教育はようやく終わりを迎えた。

それ以降、子どもたちの安全に関する学習はずっと繰り返されてきた。子どもに実際に作業を体験させることは、学園の各教科で共通する学習姿勢だったし、工具の使用、安全な範囲の予想、自分の身体が耐え得る限界、どれもが子どもたちにとって必修の学習内容だ。

あるとき、1年生の智児《ジーアル》と2年生の年年、恩偉《ウンウェイ》など少し大きい子ども何人かで一緒に沢に行って遊んだことがある。年年は智児を高い岩の上から水に跳び込ませようとしたが、断られた。年年は、こんな低い岩からも跳び込む勇気がない臆病者と智児をあざ笑った。智児は怒って立ち上がると、年年に言い放った。「おまえはなんて悪い友だちだ。ぼくはおまえに言ったよな。

こんな高いのはぼくには危ないって。それなのにぼくのこと笑ってまだ危険なことをやらせようとする。そんなやつは友だちなんかじゃない」。傍らでこの話を聞いていた先生は、心のなかで智児に称賛の拍手を送っていた。

だが、時として子どもたちは自分の能力をあまりにも高く評価しすぎる場合もある。そんなときは大人が知恵と揺るぎない心で臨む必要がある。

以前の長青時代（訳注：種子学園の前身、芋虫学園のときは長青幼稚園の敷地を借りていた）では、ある子ども2人が棍棒を持ってきてチャンバラごっこをしたいとごねたことがあった。教師と生徒での生活討論会の席で安全問題を討論し、室外で、それも周りに誰もいないときだけ遊ぶことに同意した。しかし先生はこう付け加えた。「だが、2本の棍棒で互いに打ち合ってはだめだ」。

「なぜですか?」

「ミスすれば相手の頭に傷を負わせる可能性が高いだろう」

「ぼくたち、注意してやりますから」。子どもたちはそう言った。

だが、先生数名が同時に首を横に振った。

「いったい、なぜですか?」

「これはな、注意するかしないかの問題じゃないんだ。それにミスしたときはたいへんだ」

「ぼくたちが自分で責任を負いますから」。子どもたちが続けた。「怪我したらそのときはぼくたちが自分で責任を負います」。

どちらも譲らない局面に陥ると、みんなの視線は学園長に集まった。ひと言も話さないでいた学園長が小さな声で言った。

「君たちのご両親の同意書を持ってきなさい。君たち2人のご両親がどちらも同意書を書く必要があるわね。自分の子どもが学校で棍棒で打ち合いをしてもいい、頭に怪我してもかまわない。そう書いてもらって」

その場にいた子どもたちはみんな笑い出した。どこの家の両親もそんな同意書にサインなんかしないってことぐらい、みんな知っていたのだ。

だから、種子学園の子どもたちが険しくそそり立つ岩壁をよじ登っているのを見ても、渓流で魚を捕まえようとしているのを見ても、ロープにぶら下がっているのを見ても、叫び声を上げたりしてびっくりしないでほしい。彼らは自分たちの安全の基準をわきまえているのだから。

第5章

教育の信念

教育の信念1─教育は子どもの現状に即して始める。

教育の信念2─行動がもたらす自然な経験のなかで子どもに学習させ、いかなる人為的な脅しも与えてはならない。

教育の信念3─子ども自らで経験し感じさせることによって初めて本当の学習成果となる。

教育の信念4─自主的学習の過程では、種子学園の教師は方法を示すだけで、そのほかは子ども自らが実践する。

1 教育は子どもの現状に即して始める

「あらら！　なんて可愛いカメなんでしょう！」朝、スクールバスが信賢の山道を走っているとき、1匹の黄緑色のがっちりしたカメが道を横切ろうとしていた。車が来るのを見て、すぐに頭と脚を縮めて石ころのようになったが、スクールバスに乗っていた子どもたちの目はごまかせなかった。

先生は車を停め、カメを拾い上げた。「ぼくに持たせてよ！」軒軒《シュエンシュエン》が言った。一行はカメを携え、喜んで学校へと向かった。

美しいカメは脚が尖っていて、這うスピードが本当に速い。カメが花壇の短い縁を這い、平らな通路を這い、そして柱のところで止まると糞をし、また続けて前に進むのを、みんなで取り囲んで見守っていた。

「あれ？　カメの糞のなかに虫がいるよ！」如如《ルールー》が地面にしゃがみ込んで、糞のなかでにょろにょろとうごめく細い糸に似た寄生虫を真剣に見つめていた。すぐにたくさんの子どもたちがいっせいにやってくると、生き物に関して博学な冬冬が寄生虫について話し始めた。雅卿《ヤーチン》先生が学校を回って戻ってくる頃には、舒跑先生と佳仁先生は子どもを連れてきていて、そのカメの学名や特徴を調べ当てていた。

「セマルハコガメ（訳注：中国語では「食蛇亀」。実際にヘビを食べるわけではない）？ このカメ、どうやってヘビを食べちゃうの？」みんな肩をすぼめただけで何も答えられない。もしかするとこのカメの腹甲に隙間があるので素早く這い回ることができるからなのか、または歯が鋭いからなのか、もしかすると……。

「ぼく、このカメを絵に描かなくちゃ」。誰かがこう言うと、紙と筆を取り出してカメの写生を始めた。ある子どもは遠くのほうを眺めて、誰かがボールでドリブルをしているのを見つけると、カメへの興味は失せてしまった。またある子どもは図鑑を持ってきて調べ始めたし、ほかの子どもはまだカメを囲んで眺めている。

「小芋頭《シャオユィトウ》、今日はどうして数学の授業に出てないのかな？」淑貞先生が1年生に尋ねると、小芋頭は懇願するような顔で説明した。「淑貞先生、それはこういうわけです。このカメはとてもおもしろいでしょう！ 数学なんかよりおもしろいんです。カメの甲羅、頭、シワシワの口、ぼくはカメから離れたくない。だから授業に行かないんです」。

淑貞先生は佳仁先生をちらっと見て、子どもたちによって籐のかごに慎重に入れられたカメに視線をやると、こらえきれずに吹き出してしまった。

「ぼく、このカメを外に出して遊んでもいい?」小芋頭が尋ねた。

「いいわよ! 〝遛亀《リウグイ》〟(訳注:カメを散歩に連れていくこと。本来は「遛狗」で、犬を散歩させる意)してきたら?」

「〝遛亀〟って何?」小芋頭はさらに熱心に尋ねてきた。これで小芋頭は「〝遛狗《リウゴウ》〟」の意味も知ることができた。

「教育を教師に即して始めるのではなく、子どもに即して始めたら、教育はどう変化するか?」2年前、芋虫学園の発起人家庭による、学校創立のための呼びかけを初めて世間に対して行ったとき、この課題が出された。これは多くの人の心を揺さぶり、今や種子学園教師の教育における重要な信念の1つとなっている。

だが、最初の1年半の間、教育の場ではこの信念はほとんど実践されなかった。それは大人(保護者、学園の顧問、一部分の教師を含む)の子どもと教師への信頼が十分でなかったことに起因する。子ども自身が、自分に必要なものを理解する力があるかを疑問視したのではない。そうではなくて、教師のほうだ。教師が短期間にこうした能力を備えて、子どもの現状を理解し、適切な指導ができるかどうかが、疑問視されたのである。

そのせいで本学園は教学に対する二度の大きな衝突を体験することとなり、その都度、半数近くの家庭が離れていった。それは創立したばかりの学園にとっては大きなダメージだったし、ここに留まる人たちの心にも暗い影を落とした。

信賢に移動するまでの1年で、学園の風格がやっと確立し、教師の教育態勢も安定し、子どもの学習も明らかな向上を見せた。それに鑑み、学園では標榜する創立の理念——子どもによる主体的学習、ならびになぜ本学園がそのような教育を必要とするのかを、やっと対外的に公開したのだった。

「時間割表をなくすこともできますか?」ある人がこう私に聞いてきたことがあった。

私は頷いた。できることなら、学校のさまざまな施設の使用を子どもたち自らで協力し合って決めてほしいと私は願っている。さらに、教師が子どもにどんな指導ができるのか、それを事前に子どもたちに明確に知らせておき、子どもが1人でまたはグループで教師に対して授業を開講する要求を出す、さらには教師と子どもが共同で授業の進め方や内容も取り決められる、そんな姿を望んでいる。

だが、今のところ、まだできない。そのような学習の実現には、親、教師、子どもの三者がそれぞれ、その学習へのはっきりとした理解や自信を持つことが必要だし、さらには子どもたちに成長、模索および試行錯誤をさせてあげるだけの十分な時間も必要だからだ。

私たちに今できることは、選択学科の表を提供することだ。それには小学生が学ぶ必要があると本学園が考えるカリキュラム、各教師が本当に子どもに教えたいと思っている科目、そして子どもが開講を要求した科目が含まれ、子どもはそれらのなかから選択し、自分自身の学習計画を立てることになる。

このやり方は、1つ目には自分でも何を学ぶべきかわからない子どもにとって、自分に必要なものと興味のあるものをゆっくりと整理でき、2つ目には大人たちを安心させることができ、3つ目には学校の施設が比較的安上がりになるというメリットがあった。

しかし、「子どもの現状に即して始める」ことは教師すべての共通の信念であった。したがって、語学と数学の2つの科目ではクラスをかなり細かく分け、共同で観念的な問題を討論するほかに、宿題と練習問題は、ほぼすべて子どもたち1人ひとりに合わせて設定している。ときどき、先生たちは冗談で自分たちは「家庭教師」だと言っている。だが、そうでなかったら、子どもたちは学習の実質的利益を得ることなどできはしないだろう。

もしかすると近い将来、種子学園は子どもによる本当の主体的学習の道を歩むことになるかもしれない。そこではすべての教育が子どもからの要求に応じて始まっていく。なんと素晴らしいことなのだろう。

2 学習には、人為的な脅しを伴ってはならない

6月、学園の4年生以上の子どもたちは全員、語学と数学の2科目の能力検定試験を受験する必要があった。この試験は外部の専門業者によって作成されたもので、受験の目的は学園の子どもが自分の語学、数学の能力を理解すること、ならびに台湾の普通小学校の偏差値と比較してどのレベルにいるのかを把握し、学園に通う子どもとその両親が成績を客観的に評価できることにあった。

1年に一度きりの試験の場は厳粛な雰囲気が漂っている。試験監督の舒跑先生と黎光先生は試験会場の外にかける「教室内で試験実施中、静かにしてください!」という立て看板までつくった。

試験は2日間にわたって実施され、1~2年生の子どもにはうらやましくてしかたがない。彼らはこう言う。「高学年のお兄さん、お姉さんはいいなあ! みんな試験を受けられるんだもん。ぼくたちだって受けたいよ」。

「わかったわ!」叔貞先生が言った。「私たちも試験をしましょう」。だが、ちびっ子たちがや

りたいのは授業のなかで行う試験なんかじゃなく、「ドアに看板をかけて、みんなが静かにしなければならない」ような試験のことなのだ。

先生たちは叔貞先生から、ちびっ子たちの言葉や出来事を聞きながら、6年生の星雨《シンユー》が掲示板に書いた文章を見ていた。

「試験が今終わった。とてもうれしい。だってここの試験は解答が正解でも間違いでも関係ない。叱られないからね」

どうして普通小学校の教育では、子どもの答えが間違っていると責めてしまうのか？　本当に心が痛む。種子学園の教師と子どもにとっては、いかなる試験の目的も学習の盲点を見つけ出し、教師と子どもで協力してそれに向き合う、ただそれだけのことに過ぎない。

「私たちには人為的脅しに満ちた学習環境は必要ない」。これは種子学園創立の信念の1つだ。先生や大人は教育に際して、自然にもたらされる結果のほか、そのほかの罰則は絶対に与えることはない。ましてや1点や2点くらいの点数をあげつらうなどあり得ないことだ。このような教育では、学習の焦点が定まらなかったり、不必要な心の歪みや傷を子どもに負わせたりすることもないはずだ。

2年間の学校運営を経て私たちは、多くの子どもたちの学習意欲は、それまでの学校の先生からの脅しによって潰されていると確信している。彼らがある科目（たとえば数学）の学習で、方向転換できない（引っかかっている）場面で、先生が何らかの行動を取り、または討論をすることによって、子どもに正しい理解と概念を形成させ、学習意欲の強化と成績の向上をもたらせるはずだ。

だが、先生が子どもに「バカ」と言ったり、「勉強に身が入っていない」と責め立てたりするしか能がないなら、子どもは自分には数学の才能がないと本当に思い込んでしまい、しかたなく授業を受けながら、さらなる屈辱と非難を待つだけとなってしまう。その子にとって、このような数学の勉強は心に傷を受ける場でしかない。授業で傷を受けた子どもは、種子学園のような自由選修できるところに来ても、授業を受けるのを拒絶することになる。

君君は、従来教育では優等生だった。君君が本学園に来たのは、通っていた学校の先生が子どもをあまりにも叱りすぎるので、子どもたちはいつも緊張のあまり怒りと不満を募らせて、ストレスから爪を噛むようになり、やる気を失ってしまったと両親が感じたからだった。君君の両親は彼を本学園に転校させ、本来の自信と個性を取り戻してほしいと望んでいた。

だが、君君の両親が夢にも思わないことが起きてしまった。学園に来たときの学期、君君には授業を受ける気などさらさらなく、毎日そこらでぶらぶらしていて、教室に入っても心ここにあらずといった具合だった。君君は学園の教師たちの忍耐度を試すようになり、ここの先生たちが本当に子どもを叱らないのか見定めていた。

「本当に不公平だよ」。ある日、ついに先生が君君に言った。「君は私たちを試しているんだろうけど、君が仮面を被ったままで話をするんじゃあ、話し合いにならないよね」。

君君は笑って、ほんの少し心を開いたようだったが、授業に対してはやっぱり興味を持てないでいた。1年あまりが過ぎ、彼もやっと学習の意欲を取り戻し始め、授業での討論にも参加するようになってきた。そして学年最後の試験では自分も両親もともに満足のいく結果を得ることができた。

君君が何のきっかけで変わることができたのか、私たちにもよくわからない。だが、わかっているのは、彼が学ぶ過程で挫折したとき、両親も心が落ち着かなかったし、将来にわたっても自信と元気に満ちた君君になることはなかったことだ。私たちにはどうしても質問したいことがある。なぜ、子どもにこんな曲がりくねった道を行かせる必要があるのか？　教師が教鞭をとって、あるいは言葉によって子どもを侮辱するとき、このことを考えているのだろうか？

さらに、学習障害を抱えた子どもたちは、ある方面での学習は確かに生理的に困難である。

彼らは先生に盾突くつもりはないが、どうしても授業に集中できなかったり、授業内容を暗記したり、理解することができなかったりする。このような子どもに対して、学習を妨げるように取り巻く霧を、学校が手助けして吹き晴らさなければ、子どもや親は、子どもの本当の姿を受け入れる機会さえなくなってしまう。その結果、子どもはどうしようもない挫折のなかで長い時間を過ごさなければならなくなる。そしてそれは、自然と子どもの心身を害していくのである。

台湾における学習障害への理解はまだまだ浅い段階にあって、診断または学習のやり方、そのどちらもはっきりとしていない。これらの子どもたちに向き合うなかで、学園の教師たちは信じていることがある。私たちは、確かに今はまだ最良の学習指導ができていないかもしれない。しかし、子どもの学習過程でいかなる人為的な脅しの手段を加えず、しかも自然な経験のなかで子どもに学習させること、それは少なくとも子どもに悪影響と挫折をもたらすものではないことを。

これは教育従事者が最低限度備えるべき道徳——私たちはそう思っている。

3 自らの体験によるものこそが本当の学習

11歳の雲雲《ユンユン》は、初めて美術工作クラスの2年生の子どもたちと一緒に「美への訪問」についていくことができた。今回の訪問目的は台北植物園内のハスの花の写生で、ついでに南海学園（訳注：植物園や博物館が集合しているエリアの総称）で催しているさまざまな展示も見てきた。

雲雲が家に帰り着いてまずしたことは、何杯ものお湯を喉に流し込むことだった。「どうしたの？　持っていった水じゃ足りなくて、喉が渇いたの？」お母さんが尋ねた。

「水は全部、ハスの葉っぱにかけて飲ませてあげたんだ」。雲雲は得意そうに話した。「ぼくと、方方《ファンファン》、銀銀《インイン》は水をハスの葉っぱに撒いて、水滴が池に落ちるのを見ていたんだ！　どれだけ水を撒いても、ハスの葉は水を吸い込まなかったよ」。

「ハスの葉が水を吸い込まないことも知らなかったの？」お母さんは目を見開いて驚いた。雲雲は周りから知識が豊富だと見られている子どもだったからだ。

「それは本に書いてあることでしょう？　ぼくはこれまで実際に試してみたことがなかったもの」。雲雲はさらに得意げに飛び跳ねながら兄を探しにいくと、水滴がハスの葉の上をどう転がっていったか、ハスの葉がどうひっくり返ったか、水滴がどう葉っぱと茎のつなぎ目や縁までいって落ちていったかといったことを、まるで月面に初めて降り立ったアームストロングのように興奮しながら事細かく説明した。

兄弟2人は葉っぱの気孔から水の表面張力に至るまでわいわいと話し続けていた。かつて本で読んだ知識のすべてが、いっぺんに生きたものとして組み合わされたようで、今回の主要目的であったハスの写生などは、当然のごとく二の次になってしまっていた。

「子ども自らに身をもって経験させる」、これは種子学園の重要な信念である。子どもは自分の観察、行動、体験に基づいてこそ、その生命のなかにさまざまな鮮明な画像を認識し形成することにより、将来、さらに深い思考の礎となっていく、そう私たちは信じている。各科目の教学計画はどれも、できるだけ子どもに自分で体験させ、その後、授業での討論や実地での観察と討論を重ねながら、もともとの概念と仮説に修正を加え、さらに掘り下げていくようデザインされている。

この教育思考モデルは自然科学だけではなく、語学や数学などの科目でも同じである。子どもたちとの交流のなかで気づかされたのは、9＋8＝17は簡単だなんて思わないほうがいいということである。

ある子どもは十進法の概念に深い疑念を抱いていた。銓銓《チュエンチュエン》は1年生のとき、なぜ数学では五進法や三進法ではなく、十進法を用いるのかと尋ねてきた。十進法ではなく、百進法や千進法はないのか？　しかし、コンピューターでは二進法を使っていること、日常生活においての十進法の便利さ、さらには数学の授業での討論では共通概念の存在によって初めて話し合いが成り立つことを理解すると、彼はやっと足し算の宿題に9＋8＝17と書き込んだ。

しばらくの間、銓銓は五進法や二進法あるいは自分で考えた進法を使って、計算上の違いを比較して楽しんでいた。だが、授業のときには「みんなが使っている十進法」を用いることで討論がスムーズにいくことも、彼は知っていた。

それ以降、誰かが十進法に困ったときには、銓銓は将棋の駒、花札など実際に触れるものを使って教えてあげた。後になって授業教育においても証明されたことだが、実際に自らの手で行った経験がないと、紙に書いた計算や暗算に、一部の子どもたちは不安を覚えることがあるのだ。

別のあるとき、野外サバイバルの授業で林先生が子どもたちを連れて、岩登り、ワイヤーロープ渡りなどを練習させた。大きい子、小さい子合わせて10～20人ほどの子どもが腰に命綱を取りつけて（「もやい結び」と呼ばれるロープの結び方で）、下に落ちても谷底までは落ちないようにしてから、フックをロープにかけ、まずはキャンパス内の鉄塔がある工場の間を、試しに渡ってみることにした。

いつもは大きなことばかり言っている子ども数人が、細いロープに足をかけたとたん、足をがに股に開いてロープの上に置き、安定させようとしても、ロープは思いどおりにならず大きく揺れ始め、たった数メートルの空中綱渡りは、端まで辿り着くのにどのくらいの時間がたったかわからないほどの難行苦行となった。

「そのときやっと〝理性と感覚の分離〟とはいったい何かがわかったよ」。皓皓《ハオハオ》は後になってこう言った。「ロープの上に立つと、恐れることはない、落ちることはないし、もし落ちても怪我はしない、そうぼくの心は告げていた。だけどぼくはどうしてもこわかった。このときは頭が言うことが正しいのか、それとも身体の言うことが正しいのか、わからなかった。渡り終わってからも、ぼくはやっぱりとても不安だったんだけど、同時に得意でもあったんだ。自分はすごいんだってね。だけど、可可《クク》なんてぼくよりも小さいし、珊珊《シャンシャン》は女の子なのにぼくよりもうまく渡っていた。もしかして、彼らは平衡感覚が優れているのかもね」。

思うに任せない恐ろしい体験後しばらくして、皓皓は子どもたち数人が「こわがるな」と言いながら、誰かにヘビを捕まえる練習をさせているのを耳にした。そのとき、皓皓はその場に飛び出して、子どもたちにこう言った。「恐怖とはこわがるなと言って消えるものじゃない。

みんなもう彼に強要するなよ！」

感情の感知もそうであるし、能力の育成もそうである。作文、工作、機織り、計算、楽器、耕作、火起こし、薪割り、魚とり、虫の飼育――どんな学習でも、考えているだけで学び取れるものなどない。だから子どもに体験させ、実際に身体を使わせる、これが学園で行われている学習の原則である。

あるとき、バスケットボールチームの子どもが私にこう言った。「雅卿先生、うまくゴールにボールを入れたいなら、方法は、1に練習、2に練習、3に練習、これしかありません。練習していて、やれそうな感じになったら、きっとゴールに入れることができますよ」。

今でもまだ、私はバスケットボールがうまくできない。しかしこの金言はずっと私の心に刻まれている。

4 子どもが自主的学習をするために大人は何をすべきか？

創立してから今に至るまで、本学園が遭遇した最大の困難の1つは、私たちが子どもに何を教えればいいのか、にまつわることだった。

多くの大人は、子どもが自分で進んで勉強するとは信じていない。だから、食事から思想に至るまで残らず詳細にわたって教えようとする。教えるだけではなく、子どもに教える者によって規定された方式とスピードで学ばせようとするので、子どもも先生も苦しくなってしまう。こんな状況は伝統的な教育現場で幾度となく繰り返されてきた。経済的な観点からすれば最低コストでの教育投資ともいえるが、弊害があまりにも大きすぎる。そのために教育改革が叫ばれてきたのであり、本学園ではもちろん同じような失敗を犯すことはできない。

大人が教えなければ、子どもの自主的学習はどれだけの可能性を秘めているのだろう？

一部の教師と保護者はこう信じている。子どもを本学園のような環境に置けば、遅かれ早かれ、すべての子どもは自分で字を読んだり、書いたりすることを学ぶようになるし、また、大人に手助けを求めてくる。子どもからの要望があるとき以外は、大人は積極的に子どもに何かを教える必要などないのだと。

また、ある教師と保護者たちはこう考えている。子どもが1人で本を読めるようになれば、大人は何も教えることはない。したがって、学校が子どもに教えなければならないのは最も基礎的な「読み、書き、計算」であって、それ以降、大人はただ受動的に子どもからの要求を待ち、それに対応する形での討論をすればよいのだと。

さらに、大人は基礎的な「読み、書き、計算」を指導するほかに主要科目を提供し、子どもがある一定の視野を持てるよう導いてあげ、子どものために異なる窓を開放しておく。だが、子どもが学ぶかどうかは子ども自身の判断を尊重し、強制的に学習させてはいけない、という認識もある。

少しばかり強いるような指導を子どもにするのはそれほど間違いではない。指導を受けるのを拒絶する子どもに対して懲罰的な威嚇をしなければ、自主的学習の精神に違反するとはいえないと、考える大人たちもいる。

種子学園はいったいどうすれば適切といえるか？　この2年間、教師グループと保護者たちの間では何度も折衝と討論が繰り返され、最後にはみんなが比較的安心できる結論を得ることができた。今の本学園の教育はそれをもとにデザインされている。

まず、本学園内に「開放学習区」を設置した。学習区のなかでは子どもが主体となって、区内の設備を利用し自分がやりたいことができる。子どもが手伝いを求めるか、または教師の誰かがちょうどそこに居合わせて、ついでに指導やアドバイスをする以外は、大人はほとんど立ち寄らない。子どもを邪魔する者はいないので、みんなリラックスできる。

今のところ、本学園の図書館、美術工作室、実験室、農場、運動場、遊戯室のいくつかは全面的開放区であり、工場、自然歩道、自転車専用道路、渓流などいくつかは部分開放区となっていて、子どもたちが自発的に探索できるようになっている。これらの場所では、学園が気を配るのは安全と用具、場所の片づけであって、そのほかはすべて子ども自身で管理する。将来的には、私たちは音楽とコンピューター学習の開放区の増設も考えている（1997年、語学、数学、科学、音楽そしてコンピューターの開放学習区を増設した）。

次に、本学園が提供する語学と数学は必修となるが、そのほか一定数の科目は子どもたちによって選択される。教師はこれらの科目において、学習の方法、工具の使用法、技術訓練、専門倫理の確立を子どもに指導するが、創造性の表現、常識や知識の蓄積に関しては子どもに任せている。

美術工作科の先生は技法を教えるが、子どもたちの作品はそれぞれかなり異なっている。調理科の先生はさまざまな調理法を教えるが、各班は自分たちのレシピをつくり出さなければならない。農民科の授業では先生はいかに節気《せっき》（訳注：1年を春夏秋冬の4つに分け、それぞれをさらに6つに分けて、季節を表す名称をつけたもの。農作業の目安とされる）を見て農作業を行うかを教えるが、どの畑でも植えられるものはそれぞれ違っている。

文章鑑賞科では教師と子どもが共同で鑑賞する文章を選択する。数学科では概念に関する討論後のみんなの練習問題は同じとは限らない。自然歩道での観察は各自が異なる観察対象を持つ。先生たちが注目しているのは、子どもの理解、掌握度、問題解決能力、そして学習の意欲と態度である。最良の方法とは何か。この2年間、先生たちは教材や教学の方法において、成長と改善を重ねている。

本学園の大人たちはよくこう考える。子どもが自ら学ぶことを信じ、私たちの経験が、子どもの自主的学習が可能であることを証明しているなら、私たち大人は何のために存在しているのだろうか、と。

友だち？　本当の意味で子どもを受け入れ、子どもを支持することで友だちとなる？

指導者？　ある専門分野で、子どもと討論し、有意義なアドバイスをし、子どもをよりよくする指導者？

ガイド役？　前方にある岩礁を指摘し、先に続く水路を照らし出す灯台のように、子どもを前に進ませる人？

あるいはただ単に子どもと一緒に道を歩きたいと願い、状況に応じて教育を施して、名利を望まない人？

どのようなものであれ、私たちはみんなわかっている。現在あるいは近い将来、学園の大人たち（教師と保護者を含む）は依然として重要な役割を演じ、子どもたちに大きな影響を与えるのだと。ゆえに「私」が子どもに何を与えられるか？　これは大人たち各自が反芻し思索すべき課題なのだ。

第6章

開放学習区

種子学園は選修制を採用しているので、子どもたちは多かれ少なかれ、それぞれ空き時間がある。空き時間には学校の図書館、実験室、農場、工場、美術工作室などいくつかの開放学習区は、子どもたちがそれぞれ好きなように過ごす場所となっている。どの子どももそこでは自由に活動できるが、同時に開放学習区の維持に責任を持つ。これを前提として、開放学習区は最大の効果を発揮できるのである。子どもたちそれぞれの心の畑に、彼らの種子をばら撒き、苗木を育て、たくましく成長させる手助けをするのだ。

1 子どもたちの本のお城

種子学園は実際のところ貧乏学校だ。勉強机と椅子はそれぞれ台北市銘伝小学校、台北県新店小学校からもらい受けた「良質のリサイクル品」で、討論用テーブルはゴミ置き場や会社、あるいは家庭の廃棄物だったし、掲示板は証券会社が買い換えていらなくなった報告用掲示板だった。書棚、スチールキャビネット、ガラスケース――そのどれも、ほかの人がいらなくなったものを再利用している。

子どもの計算用紙は、保護者たちがオフィスから集めてきた裏紙が使える紙だったし、卒業記念アルバムの材料も印刷工場からもらった雲紋紙の残り紙だ。多くの子どもが着ているのは学校の子ども同士で交換して手に入れた古着で、節約したお金が学費となって、みんなで学園を維持していた。こんなわけだから校外の誰かから、種子学園は貴族学校なのかと質問を受けると、天地がひっくり返ったような質問に、何から話せばいいかわからなくなってしまう。

だが、私たちには図書館があった。とても大きな図書館で、校内の使用可能な建築物の3分の1を占めている。木のフローリング、寄贈された2つのソファー、拾ってきたか自分たちでつくった数卓のテーブルと椅子が備えられていて、とても居心地がよく、学校で一番「豪華」な場所だ。

本学園の創立まもないころ、大人も子どもと一緒に学校のアウトラインを描いた……「大きくて、いつでも出入りできて、寝転んでも、腹ばいになっても誰も気にしない、そしてたくさんの本がそろっている図書館」。それが一番の希望だった。だから学校がどこに移動しようとも、一番よい場所は絶対に図書館に譲ってきた。

入れ物はできたが、蔵書はどうすればいい？

誰かからもらおう！　遠流《ユアンリウ》、智茂《ヂーマオ》、錦繍《ジンシウ》などの出版社、行天宮《シンティエンゴン》図書館、それに保護者や先生たち、みんながたくさん寄贈してくれたが、それでもまだ足りない。どうする？

「みんなが家にある本を持ってきて、学校に貸し出そう」。子どもたちが生活討論会で話し合いを持った結果、図書館はすぐにちょっとだけ見栄えがよくなった。

学習上の需要が高まると、図書館は経費が一番かかるエリアになった。この2年間、書籍の選択、補完、購買を絶えず行ってきた結果、今では各科目の必要な辞典、参考書、基本書はほとんどそろっている。各科目の先生も教育計画を立てるときには、その教材に図書館にある書籍を選んでいる。

そんなわけで、調理の授業では子どもたちが図書館でレシピを探すし、科学の授業では資料を探し、語学の読書感想、数学の個別学習、大旅行の事前準備のリスト作成などはすべて図書館で行われる。みんなが学内に宿泊するときさえも、寝袋を図書館に敷いて寝る。これもまた図書館の使用方法の1つとなっている。

本学園は選修制を採用しているので、子どもたちは多かれ少なかれ、それぞれ空き時間がある。図書館、実験室、農場、工場、美術工作室、運動場などいくつかの開放学習区は、子どもたちがそれぞれ好きなように過ごす場所になっているので、興味深いエピソードもちょくちょく生まれている。

いつも図書館にたむろしている「本の虫」たちは集団性の特徴を持っているが、高学年の数人の男子は単独行動をする「図書読破団」だ。彼らは各自没頭して東方少年文庫、シャーロック・ホームズ、アルセーヌ・ルパン、釣りキチ三平、金庸《きんよう》（訳注：1924～2018。香港の小説家。武侠小説で絶大な人気を誇る）の武侠もの、三国志、アメリカのニューベリー賞（訳注：アメリカで、最も優れた児童文学の著者に贈られる賞）受賞の児童文学シリーズ、漢聲《ハンシェン》雑誌（訳注：中国や台湾の伝統文化に関する雑誌）の児童文庫や青少年親指文庫などをすさまじい勢いで読み漁っている。

読書に対する食欲はたいしたもので、そのスピードは速く、胃袋も大きくて、どんどんと飲み込んでいく。新しい本が棚に並ぶや、お互いに情報を交換して批評し合う。学期末に図書館の貸し出しカードを検査してみると、今学期の貸し出しカード記録で最多数だったのは誠誠《チエンチエン》で、その数なんと計67冊にも上っていた——しかもこの数字には、図書館で読み終えてしまい、カードに記録していないものは含まれていない。

中学年の女子数人はまた別のグループを形成している。彼女たちが読むのは、上品なものが多い。美しい装丁の文庫本、さまざまな絵本、九歌選集（訳注：紀元前3世紀の楚の屈原が憂国の激情を託して歌ったという《楚辞》のなかの最も古く最も難解と評せられる歌辞）などだ。この少女たちは絵を描くのも好きで、宜珮先生の薫陶のもと画集も眺める。加えて、語学の授業では先生と一緒に現代小説を読み、詩も暗記していて、美しさと聡明さといった雰囲気を醸し出していた。

中学年と低学年の男子ははっきりと2つのグループに分かれている。1つはもっぱら辞書の類を読むグループ。たとえば、機械百科事典、21世紀児童百科事典、漢聲小百科（子ども向けの科学読み物）などなど、数人がいつも額を寄せ合って、大声で、またはひそひそ声で討論しながら、楽しそうに笑っている。もう1つのグループは図書館を大富豪ゲームやボード版のR

PGのための遊技場のように利用し、遊びながら、漫画本を探しては見ている。彼らに対しては遊戯室に行くように勧めたほうがいいのか、それとも図書館にいさせたほうがいいのかわからないほどだ。

そのほか、1年生のちびっ子天兵たち（訳注：「天兵」は「神兵、勇敢な兵士」の意味だが、ここでは「手に負えないわんぱくたち」の意味と思われる）が入学したばかりのとき、彼らはまったく規則を心得ずに、図書館を遊び場と間違えていて、本をおもちゃ代わりにしたり、かくれんぼをしたり、家をつくったり、取り出した本を持ち帰ってしまったりしていたので、ルールをしっかり守っている子どもたちは本当に頭にきていた。聡明な叔貞先生は掃除の場所を配分するとき、故意にこれら数人のちびっ子天兵たちを図書館担当にした。2日もすると彼らは、読み終わった本はもとの場所に返す、プラスチックマットを使って戦わない、食べ物は図書館に持ち込まない、などの図書館の規則をすぐに体得した。

1学期が終わり、1年生がクラス担任の時間を、共同の図書館時間へと主体的に変更した。あるとき私は、授業のない時間に小葳《シャオウェイ》と敏敏《ミンミン》が本を1列に並べているのを見かけた。ままごとでもしているのかと思っていたら、彼女たちはこう言った。「これはね、私たちが読もうとしている本なんだよ」。なるほど！

図書館で1人きりで扇風機の下に座り、一心に本のページをめくっている子どもの姿も、当たり前の風景となっている。

だが、学校にも何人かは、図書館には縁のない子どもがいる。その主な原因は彼らの読解力不足にあって、読書の習慣も身についていないからだ。担任の先生は時間の空いているときは、その子どもたちを図書館に誘って本を選んで一緒に読んでいるし、彼らの親たちにも親子で一緒に過ごす時間には活動を変更して、子どもを本の世界に導いてくれることを期待している。

前学期から、図書館は図書館イベントに乗り出し始めた。だが、映画鑑賞以外、子どもたちの反応はあまり芳しくない。「ぼくは、ただ本がたくさんあって、静かで居心地のいい図書室がほしいだけだ。大人が来て何かを教える必要なんてないよ」。1人の子どもがこう私に告げた。たぶん彼が正しいのだろう。みなさんはどう思うだろう?

2　大自然に育まれる

「わあ、なんて大きな鳥！　ぼくも触っていい？」夏休みの体験授業に来ている子どもたちが、登校初日に103討論室に入室するなり、蛍光灯にぶら下がっているカラスの標本を仰ぎ見ながら大きく口を開けていた。そして、先生に支えられて台に上り、手を伸ばして、翼を広げているがもう飛ぶことのない大きな鳥に触れた。彼らはカラスにまつわるさまざまな伝説や知識を思い出しているのだろう。まったく新しく見知らぬものへの彼らの戸惑いも、すぐに消え去っていた。

「これ、本当にカラスなの？」子どもが質問する。

「本物だよ」

「臭くないの？」

「自分で嗅いでみたら？」

「学校がなんでカラスの標本を買ったの？　えっ、自分でつくったの？　舒跑先生と科学クラス2年の子どもたちがつくった？　そんなわけある？」

なぜ、そんなわけがない？

前学期の末、子どもの学習のため信賢に引っ越した琍琍《リリ》のお母さんが、ある日散歩をしていると、カラスの群れが低空を旋回しながら悲しげに鳴いているのに遭遇した。近づいてみると、なんと地面には大きなカラスの死骸が横たわっていた。その身体はまったく無傷で、明らかについさっき死んだばかりのものだ。琍琍のお母さんはそれを拾い上げると、家の冷蔵庫に入れておき、次の日、学校まで持ってきて舒跑先生に贈ったのだった。

信賢では、私たちはいつも自然界から思いがけないたくさんの素晴らしい贈り物をもらってきた。車にひかれて死んだヘビ、傷1つなく美しいヘビの抜け殻、舞台の床に生えたキクラゲ、ピカピカと蛍光色を放つたくさんの昆虫、色彩が艶やかな大小さまざまなチョウ、奇々怪々な姿のアオガエルやガマガエル、無数の植物。舒跑先生が掲示板に新しい「生き物」を張り出す姿は、まるで釣りキチ三平が沢から獲物を釣ってきたかのようで、小さい仲間たちは新たな喜びを分かち合った。

銀色の輝きを放つさなぎからかえったルリマダラチョウ。舒跑先生のクラスの窓枠の上に棲みついているハデオオシラホシカミキリ。肉片やミミズなどを食べるだけではなく、仲間同士の共食いで自分の友だちまでも食べてしまう太古からの生物、アメリカカブトエビ。小さな池のなかで見つけて、手洗い場で何日か飼っていた、しっぽが反り返ったタイコウチ（訳注：タガメに似た肉食性の昆虫）。葉っぱはよく似ているが、その果実はかなり異なるアオカエデとフウ（訳注：台湾原産の落葉高木。日本では街路樹によく見られる）……。

あるいは、林義賢先生が採ってきたスズメバチの巣。林先生の友だちが送ってきて、工場の鉄かごのなかで飼育しているシュウダ（訳注：アオダイショウと同属のヘビ）。市場では販売できないので、みんなに食べてもらった山のマス養殖場で生まれた奇形のマス。熟したものを急いで収穫し、果実酒にしたスモモ。枝いっぱいにたわわに実り、道すがらつまんで食べた、濃い紫の甘いクワの実。しびれる辛味が強烈なヤマコウバシの実（訳注：クスノキ科の落葉低木。実にはコショウのような辛味がある）。陽光がつくり出すハナシュクシャの葉の澄みきったグリーン……。あまりにも多くのものがあったので、琍琍のお母さんが持ってきたカラスの死骸はさほど関心を集めることもなかった。

だが、舒跑先生と科学クラスの子どもたちが、カラスで標本をつくってみようと決めると、いろいろと注目を浴びるようになった。

5時間にわたる制作過程では、全校生徒のほとんどが代わるがわる覗きにきた。舒跑先生は手に標本用ナイフを持って、解説書を参照しながら手を動かし、さらには説明までした。なんだ、先生も鳥類の標本をつくったことはなかったんだ。大きいのやら小さいのやら、ぎっしりと詰めかけた見物人たちは大喜びだった。彼らは舒跑先生を手伝って解説書を読んであげることだってできるのだから。

腹を切り裂いた!

(あれ、ここに傷口がある。パチンコかな、それともマスケット銃でやられたのかな?)

皮が剥がされた。

(なんで血が流れないの?)

頸骨を切り取った! 食道と気管を切開した!

(なんでそれぞれ分けて切開しないといけないの?)(早くトイレットペーパーをくれ、気持ち悪い!)

目玉をくり抜いた! ホルマリンを打った! ミョウバンの粉をまいた!

(本ではヒ素も必要と書いてあるのに、舒跑先生はなんで買ってないの?)

綿を詰め込んだ!

(新聞紙を詰め込んじゃあだめなの?)

腹を縫い合わせた! 針金を通した!

汗だくの舒跑先生と6年生の第一助手、琳琳《リンリン》は、飲まず食わずで5時間も立ったままだった。それに加え、絶え間なく訪れる見物人たちと小さな声で討論もしていた。標本が完成するとみんながほめそやし、やった、やったと叫んだが、それは見物人たちから捧げられた慰労の言葉だった。こうして本学園には瓶詰めのヘビ、ホルマリン漬けのハチ、またはアルコール漬けの実物標本以外に、空中に吊り下げられた初めての鳥類の標本も備わった。

夏休みに冬冬《ドンドン》がトラツグミ（訳注：ツグミの仲間の野鳥。羽は黄褐色で黒い斑点模様がある）の死骸を拾って、バタバタと学校まで持ってきた。そのとき教師グループはまさに会議を開いていて、来学期の施設利用計画に頭を悩ませていた。どうやっても教室が不足していたのだ。数学の先生は数学の知育教室を持ちたかったし、美術工作の先生は小さな画廊を持ちたかった。子どもたちだって、メインキャンパスに簡易作業小屋を建てたいと思っていた。コンピューター教室、音楽教室は必要だという意見もあった。特に子どもと過ごしてきた経験から、開放学習区での自主的学習に対する有益な学習機能を、先生たちはより重視していた。来学期から各科目の開放学習区では教師の常勤制を採用し、子どもがいつでもサポートを受けられるようにした。

みんなで話し合っている最中に子どもが持ってきたトラツグミを見て、教師たちはみな大笑いだった。そして施設はぎりぎりいっぱいの状況ではあるけれど、来学期は実験室以外に「自然教室」も増設し、舒跑先生が常勤することにした。舒跑先生は、自然教室のなかでは魚、虫、そのほか奇々怪々なものをいっぱい飼育するつもりだという。

フランスのファーブル（訳注：ジャン＝アンリ・ファーブル。1823〜1915。博物学者。『昆虫記』が有名）、あるいはイギリスのダレル（訳注：ジェラルド・ダレル。1925〜1995。作家、動物保護家。著書に『虫とけものと家族たち』がある）のように、この空間を動植物で満ち溢れた天国に変貌させてくれると、私たちは信じている。

3 豆を植える小さな農民

種子学園が信賢に移ってきてからの第1学期は、学園全体がまだ金銭的に貧しく、苦労していた。図書館の後ろには雑草がぼうぼうと生い茂った空き地があり、そこは実習農場予定地に計画されていた。したがって、「農民科」を受講している子どもたちの第1週目の授業は、したたる汗をぬぐいながらの整地作業だった。

整地作業は当然大きなプロジェクトだ。選択授業が重なったために「演劇科」を選び、「農民科」を選ばなかった魯魯《ルル》は、「農民科」の子どもが鋤《すき》や馬鍬《まぐわ》を振り上げ、土に深く食い込んで頑強に居座っているススキの根と奮闘しているのを見て、本当にうらやましく思った。洗面器くらいの大きさの根っこが切り出され掘り起こされるたびに味わう達成感は、筋肉痛で痛む両腕と滝のような汗のたまものだ。それは8歳の小さな男の子、魯魯の小さな心を深く感動させ、自分も泥まみれになりたいという強い願望を呼び覚ました。

だが、学校にはおもしろいことがあまりにも多かった。魯魯はいずれにせよ、生け花の授業を聴講するような女の子とは違っていた。彼は「農民科」の先生に申請して小さな農地を借り受け、そこに小さな豆を植えて自分を慰めたのだった。

学期の最中や学期末に、「農民科」の子どもたちが農場から、サヤインゲン、ラディッシュ、ハクサイを収穫し、調理室で鍋物を調理したり、校外の農家まで実習参観に出かけたりするのを、魯魯はずっと見てきた。彼は、来学期は必ず農民科を受講しようと決めていた。

第2学期、「農民科」は社団（クラブ）に改変され、学期開始時には農地貸し出しの手続きが行われた。貸し出し日の正午、魯魯ははやばやと討論室に座っていた。そこにはもう23人もの同級生がそろっていたが、みんな彼と同じように、この農地を手に入れるまたとない機会を逃してしまうのではと、不安と心配でいっぱいだった。

「農民社」の指導係の先生は、すべての子どもたちとの話し合いにより、受け入れやすい貸し出し原則を決めていた。申請者の人数をもとに実習農場を20数か所の貸し出し予定区域に分割し、さらに開墾者、前学期からの耕作者、そして新規加入者の順番で、払い下げを行っていった。新規加入者の魯魯は長い時間、待ってやっと1平方メートルほどの小さな畑をもらい受けると、すぐに鋤を使って農地を耕し始めた。

もう農地となっている土地の整備には開墾時ほどの苦労はなかったものの、それでも魯魯は手も顔も靴も泥まみれにしてやっと、種をまくための畝《うね》を畑につくることができた。土の塊を手の平でつぶし、地面を平らにならしていると、魯魯の心のなかには青々とした緑がいっぱいに広がり、作物がたわわに実っている光景が浮かんできた。

何をまけばいいのだろう？　先生は魯魯に図書館に行って旧暦の暦を調べるようにアドバイスしてくれた。ホウレンソウは節気が異なるし、トマトももう少し待たないといけない。トウモロコシをつくる人はたくさんいるし、チンゲンサイやハクサイもあまりにも陳腐だったし、チシャはおいしくない。前学期には最も目についたラディッシュはもう種をまく時期を過ぎてしまっている。どうすればいい？

魯魯は隣の鉄蛋《ティエダン》がサヤエンドウとクウシンサイ、トウモロコシの種をまいているのを見たし、前学期から農作業を始めた雅卿先生が毎日、4、5個のトマトを畑から採ってきて朝食のサラダにしているのも見かけた。さらに農作物の栄養成分も考慮して、シロササゲマメを2株育てることにやっと決定した。

「2株だけ種をまく？　それは少なすぎるだろう！」先生が意見した。

「少なくない。少なくないです。ぼくはきっと2株くらいしか世話できないし、それにこれが実れば2株だけじゃないんだから！」魯魯は期待に胸をふくらませてそう語ると、箱から2粒の豆の種を取り出し、とても慎重に豆の種まきの儀式を執り行った。

豆の種を土のなかに埋めたその日から、魯魯が朝、学校に着くとまっさきに豆を見に行くことが日課になった。ほかのことは後回しだった。

豆が発芽した！　あれ？　出てきたばかりの葉っぱと後から出てくる本葉は本当にだいぶ違うんだな！　豆がつるを出したぞ。そろそろ支柱がいるのかな？　先生は二股の竹の棒でいいって言ってたけど、本当かな？　茎が伸びるのはなんて早いんだろう。1日で30数センチも伸びるなんて！　花が咲いた。なんて特別な花なんだろう！　先生が言ってたな、豆は自家受粉する植物だって。がくが本当に丸まってきたよ！……

毎日、豆を見るので、魯魯は葉っぱの陰に隠れているクサゼミ、バッタ、テントウムシなどの昆虫も見ることができた。また、挿し木での繁殖法も学んだ。隣の畑からスイゼンジナとサツマイモをもらい自分の余っている土地に植えてみると、どれも元気に育っていった。この期間、魯魯は野草の見分け方を学び、畑のなかの食べられる野草は残すことに決めた。こうしてもともと豆2株だけの畑は、あっというまに豊かなものへと変わっていった。

大旅行の間、いったい誰が自分の豆に水をやってくれるんだろう？　先生は1週間くらいなら露と雨水で豆は問題ないと言うけど、やっぱり気がかりだった。もし豆に栄養が行き届かなかったらどうしよう。魯魯は肥やしを畑に撒くことに決めた。小傑《シャオジエ》のお父さんが学校に大きな袋いっぱいの鶏糞を送ってくれたし、農民科でつくった堆肥も土に混ぜることができる。隣の畑の子は自分の小便を肥料とすることを決めたらしい。魯魯はずっと考えたあげく、堆肥を使うことにした。堆肥は比較的汚くないからだったが、先生が鶏糞を使うのを見ているとその自信もまた揺らいできた。いったいい何が一番いい肥料なのかな？　本当に悩ましい。

肥料をやり終えて、農場すべてを見渡してみると、ある畑は緑が新鮮に映えていたし、ある畑はまったくの荒れ地だった。魯魯は自分が勤勉な農民であることに誇りを感じていた。一生懸命働いたからこそ、こんな青々とした豆を育てることができたのだ。これは年齢とは何の関係もないよな！　ちびっ子魯魯は自分の畑を見て、大きな子どもたちにぜんぜん負けていないことにとても満足だった。

豆はやっと実をつけ始めた。2つのさやが1つのところからぶら下がっているのがおもしろい。残念なことに今学期も終わってしまうので、収穫には間に合わない。本には2か月で収穫できるって書いてあったけど、間違っているよ！　魯魯は自分の経験から本の記載内容を否定した。

「夏休み、豆の収穫のためだけに畑に来よう。家に持ち帰ってお母さんに皿いっぱいの豆料理を食べさせてあげたい！」魯魯は心にそう決めた。

4 見栄えがよければいい

種子学園の先生たちはみんな多少なりとも芸術的気質を備えていた。女性教師は化粧をせず、ハイヒールだって履かなかったけれど、歌を愛し、木や雲を眺め、絵も描いた。質素な身なりのなかに、それぞれの美しさを宿していた。男性教師もそれぞれ個性が鮮烈だった。詩を書く者もいれば髭を生やす者も、また好んでTシャツを裏返しに着る者もいた。

暑くなってくると、男子はみんな袖をまくり上げて球技をしたり、林先生が鉄塔で溶接をして火花を散らしているのを見たりしている。黎光先生はタオルで頭にハチマキをし、ほうきを担いでグラウンドに出ると掃除のかけ声をかけている。こんな風景はどれも絵になるものだ。

「みっともないよ！」これは種子学園の大人や子どもがしょっちゅう口にする言葉で、不満を表している。1つの出来事や行為が「見栄えがいい」かどうかなんて完全に個人の主観によるが、信じるか否かにかかわらず、私たちの学校生活のなかで起こる多くの状況は、この主観的感覚によって決定されてきた。

前学期の生活討論会の席で教室の片づけの問題が討議されたとき、教頭先生が「視覚空間」

の概念を打ち出し、本学園の集団的美的センスを統率管理することを提唱したところ、全生徒の賛同を得た。そして子どもにいかに個人の空間を片づけさせるか、という創立以来の難題が簡単に解決された。だから、本学園の大切な開放学習空間――美術工芸室の物語も、「お片づけ」から話さなければならないだろう。

長青時代からずっと、本学園では美術工作室開放空間のデザインが組み込まれていた。創立後、初めての巨額の教育投資は30台の書棚の購入だった。当時、大人たちの理想の1つは、子どもたちに絵筆をふるわせて、彼らのさまざまな生命の色彩を残すことだった。だから子どもたちが机や椅子に絵の具を塗っても、階段に絵を描いても、みんなには暗黙の了解があった。学校がどんなに貧しくなっても、美術に使用するものだけは決して絶やしてはならないと。

美術工作室には子どもが使うために箱入りのクレヨンと水彩絵の具があったし、自由に使える絵筆、カッターナイフ、ハサミ、色紙、白い紙、布が置いてあった。授業のたびごとに、先生は少し多めに材料を買い込み、美術工作室に置いておいた。それは美術を履修していない子どものためだ。宜珮先生が子どもたちと一緒に大作を手がけているのを見るたびに、美術工作の空間があまりにも小さいことを実感する。学校には美術工作の大きな制作場があって当たり前なのに。

狭く、物が多い、そして子どもたちの片づけの習慣も身についていない、こんな美術工作室はすぐにみんなが「許容できない」と感じるものとなっていった。

美術工作エリアの掃除担当者がまず声をあげ、生活討論会で抗議したが、子どもたちは互いに押しつけ合って、自分には関わりがないと言うばかりだった。開放区の公共用品は現場に居合わせない限り、何人かはわざとしらばっくれるので、なすすべがない。

宜珮先生はこの失敗を反省し、今後の戒めにしようとした。自分のつけた表示があいまいなせいで、子どもたちはうまく片づけられなかったのであって、やるべきことを投げ出しているのではないと考え、物を配置し直し、備品を置く位置の高低を調整するなどした。そして彼女は大きな希望を胸に、美術工作室を新たに開放したが、2週間もたたないうちにまたしても、見栄えが悪くなってしまった！

宜珮先生の気性がいかに穏やかだったとしても、これでは不愉快に感じるだろう。彼女は生活討論会の場で、美術工作の開放学習区がいつも散らかっているなら、いっそのこと封鎖すると宣言した。

場所が封鎖されるのを恐れた絵の好きな子どもたち数人が、自発的に片づけをしてくれた。だがそれも、1日、2日とたつうちに、どんなにいい人でもさすがに頭にきてしまう。こうして、美術工作開放学習区は封鎖されてしまった。

ロープで囲まれた美術工作開放学習区を見ていると、みんな気が滅入ってきた。

信賢に移ってきてから、利用可能な室内空間はより少なくなっていたが、それでも開放された美術工作室は必要だろうか？　この質問に対してすべての教師が頷いた。だが、片づけの問題はどうすればいいのだろう？　教師すべてがこう言った。「新たにやり直そう」。

教師たちは共通認識のもとに、保護者に連絡を取り、さらに生活討論会でも、「物をもとの場所に返す」ことを学期の生活・教育の第一目標にするという方針を示した。美術工作室、図書館、工場、農場、実験室などの開放学習区では、同時に定期的な監視も採用することで、子どもに片づけの習慣を身につけさせることにした。そのため、先生たちは各自が時間を何とか絞り出し、物をもとの位置に返さない子どもにはその場で片づけさせることになった。

だが、美術工作室の細かな物品はあまりに多い。宜珮先生は大分類の表示をはっきりさせ、容器を大きくし、それを置く位置を子どもの背丈に合わせて調整した。さらに「見栄えがいい」とは何なのか、その判別基準もはっきりとこう説明した。工作室の外へ出るときは、作業机の上には何も置いてはいけない、と。

今回、大人たちの気持ちも以前より強く、成熟していたおかげで、開放区の閉鎖を要求するなどというヒステリックな状況にはならなかった。こうして1年が過ぎたが、みんな楽しく過ごしている。

場所が不足していたため、美術工作室は調理教室、調理用冷蔵庫、体育用具と共用のエリアになっていたが、私たちはこの重要な開放空間を少なくとも維持できていた。そして美術工作の授業を履修しているか否かにかかわらず、大人も子どももみな、いつでも彫刻刀や絵筆をとって、自由に創作活動に打ち込むことができる。

そうあるべきであろう、美的センスのない生活なんて、味気ないものなのだから。

第7章 教育計画

種子学園では、子どもにも教師にも主体的な行動が与えられているが、教師にはさらに教育計画への責任が加わる。

種子学園では、教師は一種の「庭師」とみなされている。教師たちは1つの庭園を任されると、その庭園を整え、適切な栄養と空間を配分し、さまざまな植物のよりよい成長をサポートする。

種子学園では、子どもに標準的な定食を提供する従来教育とは異なり、子ども自身が各自の料理を注文でき、出された料理を強制されるということもない。

1 教育監督と専門的自主性

種子学園で教職につく人は、誰もが教育に関する「自主権」を享受することができる。多くの人がこの言葉を、子どもの自主的学習と同じようなものと誤解し、それぞれ勝手な想像をふくらませるため、多くの不安が生み出されている。それは次のようなものだ。

想像1……教師による教育方式と教育内容には質問をぶつけることは許されず、そんなことは教師の権利を侵すものだ、と解する。

想像2……教師たるものは教育能力を備えているはずであり、もし教師が自分の能力に不足を感じ、助けが必要なら、それは不適任と同意義である、と解する。

想像3……教師は自分で教材の執筆編集ができるべきであり、もし国立編訳館（訳注：台湾教育部に属する学術・文化の書籍の編集・翻訳を行う行政部門）の既存の教材あるいは業者による参考書を使用するなら、それは教師の教育レベルが低すぎることを示している、と解する。

想像4……保護者に教育現場から退いてもらい、学校の専門家である教師が子どもの教育を引き継ぎ管理する。保護者は協力者としての役割を持つに過ぎず、学校の教育活動を支援する（従来の学校の保護者会が長期にわたり「寄付会」に成り下がってしまっていることに起因する）、と解する。

ほかにも奇々怪々な説が存在するが、総じて「先生」という職業を神聖化しすぎることで、先生が自分自身を大きく評価してしまうか、かえって心の重みをつくり出すことになり、この状況こそが保護者と教師の対立を招く潜在的な原因にもなっている。

種子学園創立初期、応募してきた先生のほとんどが、熱意と理念を持っているものの、実際の教育経験は少なかった。ある保護者たちは教師の教育能力にかなり疑問を持っていたが、保護者たちでこの問題を討論した際に、白雲《バイユン》のお父さんはこう言った。「よく学ぼうとする者は、最悪の先生からだって何らかのものを学び取ることができる。保護者に先生を敬う姿勢がなければ、当然、子どもだって先生に心服できるはずもない。一生懸命勉強に励むなんてことは、当然あり得ない。だからこそ、私たちは先生を尊重しなければならない——先生たちの能力に対してではなく、職務に対してだ」。

もちろん、尊重と盲目的な信頼はまったく別物だ。保護者たちが先生に最大限の尊重と信頼を寄せてくれたのは、先生たちの成長に対して本当に期待してくれていたからだ。

当時、学校運営の責任者であった学園長は、先生たちにこう言っていた。

「〝実務のなかで学び取る〟ことは、学校の精神である。私はどのようにして教師を育成するかはわからない。しかし、教師がどのような成長空間を必要としているかはわかっている。学園はそんな空間を提供しましょう。だから先生がたは、どうか2年以内に、子どもの自主的学習にふさわしい教師になってほしい」

種子学園の教師はこんな雰囲気のなかで、自主的学習の教育を進めていったのだった。

最初の学期での教師育成は、教育理念の討論のほかに、国語、数学、理科などの教科書の編集に携わった顧問の先生がたを招聘し、彼らから教科書の編集理念、構成などの解説をしてもらい、教師たちの研究に資するような教科書と教育ガイドのセットを購入した。学園の教師たちはこれらの基本教材をすべて読んで理解してから、自らの判断で自分の教育について主張できるようになり、教材や教育法を選ぶことができた。

第1年度が始まると、学園は教師たちのさまざまな試みを見守った。教師に自信がない場合は、教育に対する善意からの、または悪意からの意見を、学園長がすべてブロックしていた。第2年度には、学園は先生たちから教育計画を書面で提出してもらい、さらに保護者とのコミユニケーションを制度化していった。

第3年度、つまり信賢に引っ越した年には、学園では教育監督機構（保護者代表6名、学外の学者、専門家5名から構成される「教育審議委員会」）を発足させ、学園の教育スタイルの維持、教育の質の向上、および学園長や教師の雇用と評価に責任を持つものとした。この期間、教師グループは必要性に基づいて、さまざまな研修を申請した。学園もできるだけ教育顧問や指導役の教授を懇請し、教育法の向上とその視野の拡大に努めてきた。

教育審議委員会の活動はすでに1年を越えた。審議委員会に参加している保護者と教師たちの誠意ある連携のおかげで、種子学園もやっと自主的教育と合理的な監督のバランスが取れたデザインを見つけ出すことができたし、これをもとに前進を続けている。

私たちのやり方は次のようなものである。毎学期が始まる半月から1か月前に、教師は書面で審議委員会にカリキュラム計画を提出しなければならない。計画内容は、教育において主張すること、選定した教材、単元別の設計および授業1コマの教育内容、ならびに作業計画と評価方法等を含んだもので、審議委員会に審査を申請する。審議委員会は必ず合議制により、カリキュラム計画に対してアドバイスや要求を出す。カリキュラム計画が審査をパスすれば、教師は計画に基づいて教育を行うこととなる。保護者あるいは審議委員が個人的に教師の行う教育に対して何らかの要求を出しても、それは拘束力を持たない。

学期が始まる前の1回目の保護者と教師の面談のなかで、教師は保護者に対して詳細に教育の計画を説明し、同時に家庭の支援が必要な内容も知らせる。その後は、教育審議委員会の委員たちが定期的に授業を参観する以外は、教師と生徒の同意を得なければ、誰も授業を見ることはできない。

審議委員会は学期中と期末において、教育状況について学園長を交えて討論をすることができる。委員個人の好き嫌いなど偏見を排除するため、審議委員会は合議制によってのみ、学園長や教師に対してアドバイスまたは要求を出すことができる。

このような手続きを取ることで学園教育に対する公開討論も可能となり、教師に芽生えた自発的な成長のエネルギーも監督機構によって挫折に追い込まれることはなくなり、また無秩序や傲慢さによって学校の教育の質も損なわれることはなくなった。

私たちが言い続けていることは、「自由」と「責任」を同時に1人の人間に負わせると、「善」を目指して人生の道を歩んでいくということだ。種子学園の先生は教育に関して自由であり、サポートも受けているが、明確に監督されることで責任も負う。1人の教師として、私は思う。これは教師の成長にとってよいことなのだと。

2 庭師会議

「学校とはどのようなところであるべきか？」

これは学園創立の第1日目から、創立参加者の全員がずっと考え続けてきた問題だ。大人には大人なりの考え、子どもには子どもの必要とするものがあるだろう。学校運営に最終的な責任を負う人たちが辿り着いた共通認識は、学校とは「子どもの自我意識の形成を助け、家庭から社会へと進む過渡期において、子どもが文明社会のなかに問題なく踏み出すため人為的に設計した環境」である。

人為的に設計した環境であれば、大人が演じるべき役割は極めて重要なものとなる。だとすれば、私たちはどういった役割を演じるべきなのだろうか？　子どもたちにどのように協力していけばいいのだろうか？　私たちは子どもたちにユートピアを築いてあげるべきなのか、それとも子どもたちが将来自らの手で彼ら自身が理想とする国を築けるようにするべきなのだろうか？　大人として私たちは何をすべきなのだろうか？

私たちが好きな言葉は、「教師は庭師である」だ。1つの庭園を任されると、その庭園を整え、適切な栄養と空間を配分し、ともに育つサボテン、バラ、大樹、草花すべてのよりよい成長をサポートする。子どもたちが私たちを離れ、世界に飛び立つとき、私たちが心配することなど何もないのだ。

だが、どのような子どもが「よく成長した」といえるだろうか？　社会において、大人たちの考えはそれぞれ異なるし、私たちもみんなが同じになることなど望んでいない。ただ、私たち自身がどのような子どもを望むかさえはっきりとしていれば問題ない。

夏休み、大部分の学校は休みに入るが、種子学園の先生たちはまだまだ忙しい。子どもたちの各科目に対する評価をつけるほかに（すべての子どもが分厚い評価報告書を持っていて、そこにはすべての先生からその子どもに向けた観察記録とアドバイスが詳細に記載されている。内容は学校生活に関するもの、学習したすべての学科に関するものが含まれる）、より重要なことは前学期の教育状況の反省と来学期に向けた準備である。

85学年度（訳注：民国85年度、1997年度）、学園は大きな変革のなかにいた。公募によって招聘した新しい学園長も赴任し、教師の人事も調整され、中学部（訳注：台湾では中学校と高等学校を含む）の開設準備も始まった。今年、巣立っていった卒業生5名、卒業生の兄1名（中学3年生）、昨年の卒業生1名が中等部の開設準備の手伝いをしたいと申し出てくれた。キャンパス内の施設配分、カリキュラムの準備、リソースの総合的運用もまたよくよく考えなければならなかった。学校が始まってからばたばたと慌てふためくのは避けなければならない。

生徒の評価が一段落したところで、前学園長はすかさず審議委員会委員、新学園長候補者、保護者会に関連する常務委員を招集して、前学期の反省と来学期に向けた計画をみんなで進めていった。

この種の反省会は本学園のよき伝統だ。保護者と教師が一堂に会し、そのほかの仕事は一切せず、学園の大小さまざまな問題にまっこうから取り組む。種子学園は創立からまだたった2年しかたっていないが、学園内外の波風は絶え間なく、保護者と教師との間でもたくさんの困難と試練を経てきたために、お互いの信頼関係は強固なものとなっていた。よって、学園は保護者と教師を一堂に集め、双方は面子を捨てて、平常心を保ちながら討論をすることができていた。

みんなはそれぞれが話したい事項を順番に大黒板に書き留めた。会議の結論が未来の行動のよりどころになるのだから、みんな非常に真剣だった。

最初に話し合われた内容は中学校、小学校の学制に関する計画と目標に関してであった。生徒たちの学籍取得のために、私たちは政府が定める学制と一致させ、6歳から12歳の子どもは小学部、13歳から15歳の子どもは中等部、15歳から18歳までの子どもは高等部とした。しかし各段階の生徒は、それぞれの学習状況に応じて、飛び級によって授業を選修することで最も効率のいい学習ができるようにした。

生徒の自主的学習に対する手助けと奨励を行う、それが種子学園創立の理念だったので、それをさらに討論する必要はなかった。だが、段階ごとの教育目標ははっきりさせる必要があった。

みんなでああでもないこうでもないと考え抜いた末、こう決定した。

小学部

1. 人格の成長（児童の自我意識を育てる）
2. 国語力と数学の基礎能力の育成
3. 国語、数学、理科、芸術、生活、体育などの課程と学習環境を提供し、人為による恐怖が存在しない環境下で、子どもが検討と学習を通じて生活と知識上の経験を蓄積することを主要な目的とする

中等部

1. 人格の成長（男女の心理）
2. 学習協力の能力
3. 文系・理系選択の準備
4. 多元文化、数学、理科、芸術、生活、体育などの課程で討論の場を提供し、少年少女が観念と思想の組み立て法と表現法を身につけることをサポートする

高等部

1. 人格の成長（役割の認識）
2. 自立した学習姿勢の確立
3. 専門的学習の準備
4. 青少年が学術研究や就職をするための機会を提供する

この3つの段階のキャンパスは互いに隔てる必要があるが、それぞれは生徒が歩いて行ける距離でなければならない。

大原則が決まると、それぞれが課題に取り組みだした。保護者会は宣伝の準備と学校敷地探

し、基金会は実験計画の起草、学園の先生たちは来学期の授業に向けた計画を始めた。

7月の酷暑のなか、種子学園の庭師たちはみんな鋤《すき》をかついで、土を耕している。学校はこんなふうにつくられていくのだ。

3 魚が海に跳び込む

引っ越しだ！ 引っ越しだ！ 校内の引っ越しだ！

夏休み、種子学園では招集令を発して、時間が空いている保護者、子どもは学校に来て校内での大移動の手伝いを依頼した。

1年前、学園は慌ただしく引っ越しをした。1年間その状態で運用していたが、不都合なところが多々、出てきた。しかし、子どもたちの精神面での安定を考慮して、冬休み期間は大きな調整は避けていた。新学年度が始まり、十数名の新入生が入学したし、中等部でも7名の子どもが入学を申請して中等部創立に参加する予定になっていた。そんなわけで、学校内部の設備や場所の見直しの必要が出てきた。

俗に言うように、「書籍は永遠に1冊少なく、衣服は永遠に1着少ない」（訳注：学問をする者にとって本はいくつあっても足りなく、女性にとって衣服はいくつあっても足りない、という言葉がある）。それと同じように、学校の教室は永遠に1つどころか2つ、3つも少ないと私たちは感じていた。

民主主義政治が人類のこれまでの政治のなかで最も多くの条件を必要とするのと同じで、子どもの自主的学習の学校もまた、空間、設備や相応の条件のニーズが最も多い学校である。だが、種子学園では、教師と子どもの志は高いが貧しいので、最小のリソースで教育実験をしていかなければならない。

今でも覚えている。長青時代、開放型教育の実施を検討している20数名の校長先生たちがそろって、本学園を見学に来たことがあった。彼らはあちこち歩き回った後に討論の場に参加したが、その際ある校長先生がとても丁寧な口調でこう言った。

「あなたがたはこんな状態で学校を運営しているんですか?」

私は彼を見つめ、頷いて言った。

「はい、私たちはこんな状態で学校を運営しています。校長先生がたはみんな、私たちよりもっといい経済条件にあるし、政府からの援助ももっと多いでしょう。児童を集める心配はいらないでしょうし、学校の法的依拠に関しても心配することなどないと思います。学校の敷地や将来の生き残りに関しても考えることもないかもしれません。みなさんは私たちよりもっといい条件で、教育できるのです。後はみなさんがやるかやらないかにかかっているわけです!」

その後、信賢に引っ越してきたが、多くの人は納得がいかないだろう。一般の学校では30〜

40人の生徒が1つのクラスに振り分けられる。種子学園では全校生徒合わせてやっと60人しかいない。なのに、どうして今ある7つの教室では足りないのかと。

だが、それは本当のことなのだ！　まず図書館が大きな教室を1つ占め、5名の担任で担任室を2つ使っていた。実験室が1つ、事務室が1つの半分、1年生のクラスも1つの半分、討論室が2つ、最後に工場、美術工作室、視聴設備、調理室、補習指導室、遊戯室など、そんなふうに取り分けてしまうと、後は、林先生の場所を少し詰めてもらってみんなで使うしかなかった。

今は、児童も増え、担任室ももういっぱいでこれ以上は入れない。開放学習区も増やす予定だし、雨の多い冬もすぐにやってくる。校内の空間はどうすればいいのだろう？

先生たちが子どものいないキャンパスを歩き回り、授業が始まったら40～50人の大小さまざまな姿が校内至るところに散らばっているさまを想像していると、突然ひらめいた。担任のための部屋なんかいらない。担任みんなそれぞれの教科の教室にいればいいんじゃないか。そうすれば大教室2つが空くことになる！

「子どもたちの荷物はどこにしまっておくの？　個人のプライバシーはどうするつもりです

か?」宜珮《イーペイ》先生が尋ねた。

「置物棚を改造して荷物はそこに集中させ、子どもたちには大きな談話室を用意しよう。プライバシーですか。それは子どもが自分で考えつくだろうね」。多くの先生たちが、前学期の子どもたちの秘密基地を思い描いた。運がいいことに私たちには運動場も谷川も自然歩道だってあった。

「1年生は感情が不安定だから、固定の教室が絶対に必要です」。淑貞先生がそう言うとみんな頷いた。こうして談話室脇の大教室が1年生に割り振られた。

「実験室の臭いがひどい。実験用のテーブルも動かすことはできない。理科教室と化学実験室も一緒にできないね」。舒跑《シューパオ》先生は自然の王国を創設したいようだ。いいだろう! そのために教室半分を明け渡そう。こうして真ん中の一列はすべて埋まってしまった。

討論室は一番必要とされ、最低でも大小合わせて3つの教室がほしい。そうすると、もう事務室の半分ですらどこをどうしても場所がなくなってしまった!

国語、数学、コンピューター、音楽、美術工作、遊戯室はどうする? みんなはずっと学校の平面図を睨みつけている。「こうしよう!」雅卿《ヤーチン》先生、佳仁《ジアレン》先生、黎光《リーグアン》先生は図書館に目をつけた。「国語区はここのはずれ、数学区はこちらのはずれ、コンピューターは基本的に数学区の横につけよう。図書館とこの3つの科目学習区は開放型区分けをしよう。本は動かすしか

種子学園平面図(1996.9~1997.2)

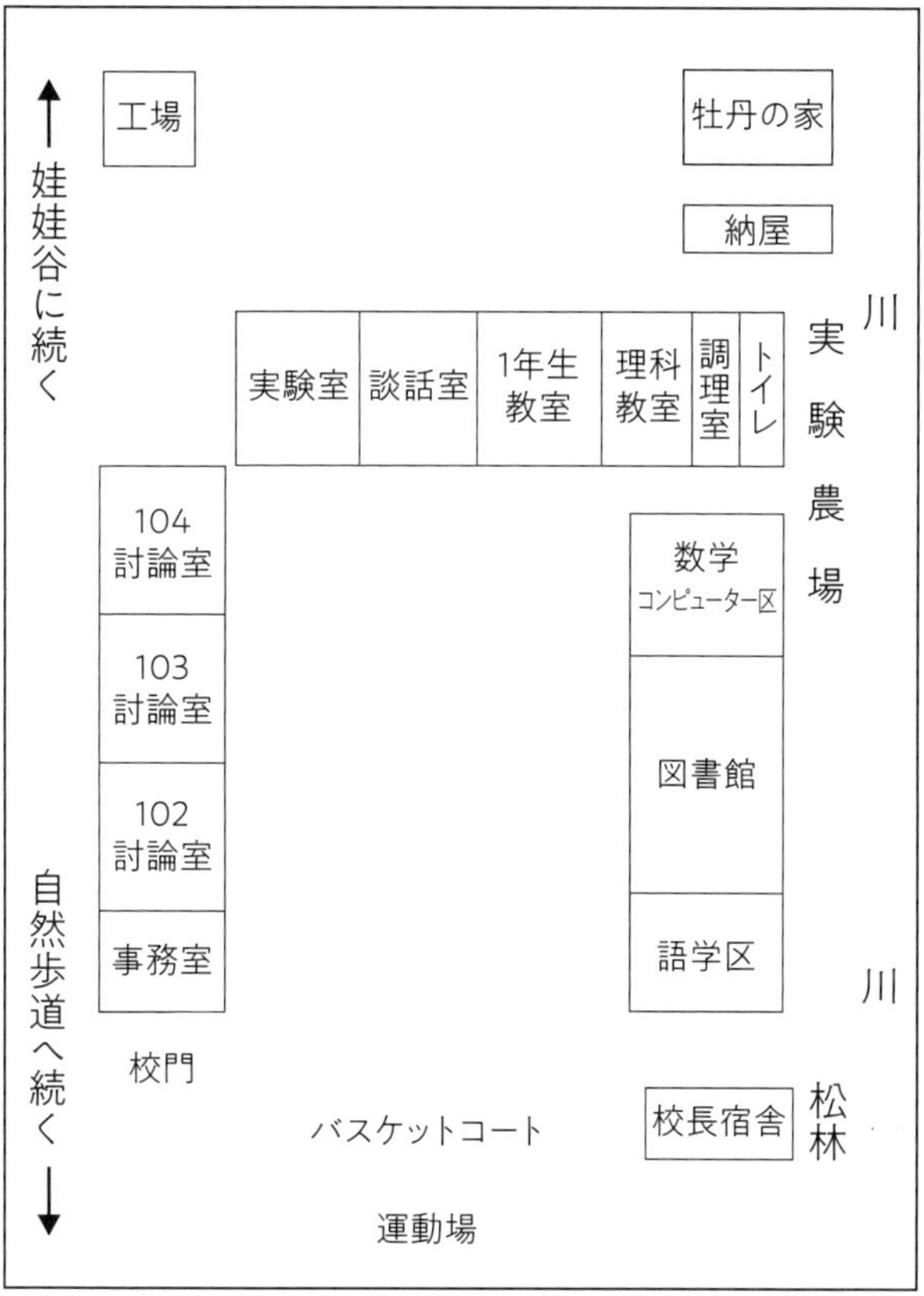

ないね」。

「なんてこと！」図書館担当の宜珮先生は悲しい叫びをあげたので、みんなで彼女をなだめすかした。「大丈夫！　大丈夫！　私たちだって自分の本くらい整理できるから」。

音楽室と美術工作室はどうする？　烏来《ウーライ》中学校と小学校がまだ保留している校長宿舎を私たちに貸してくれるなら、音楽と美術工作室はあるべき場所を確保できる。そうでなければ調理室、体育器材、討論室と一緒にするしかない。工場、補習指導室なんかは、協力実験教師である林先生の動向を見て、後でまた決めるしかない！

多くの保護者が種子学園に入学した自分の子どものことを、まるで魚が大海に跳び込んだように自由自在に泳いでいると形容している。校内環境を計画する先生たちがいかに「わずかな米粒で炊事」していることなぞ知る由もないだろう。

4 定食式と注文式

「ありゃ、また授業がかぶっちゃっているよ！」

種子学園の子どもにとって学校が始まる前に2つの大事件がある。1つ目は担任の先生の選択、2つ目は次の学期の教育計画を念入りに読み込むことだった。自分の代わりにこれからの半年間の学習計画をつくってくれたようなものなのだから。

前の学期末、多くの子どもが来学期のカリキュラム編成に注目する。ある子どもは早くから先生と相談し、来学期の授業の選択の際に、ある科目と別の科目が時間的に重ならないように必ずずらしてもらう。またある子どもは期末の科目の評価表にいろいろな要望を書き込み、科目の内容に関してこうしたほうがいいとかああしたほうがいいとか先生にお願いする。そのため先生が学科の教育計画を審議委員会に提出する段階で、すぐに探りを入れ始める子どももいる。

「あれ、これ、どうしてどんどん厚くなってくるの？」6年生の冬冬《ドンドン》は床に寝そべって、熱心に64ページにもなるカリキュラムを読んでいた。「ちぇっ！　劇団と総合技術、作文2と数学

7が重なっているし、英文と野外サバイバル、農業技術・家庭科とバスケットボールも重なっているぞ。こんなの許されるのか?」冬冬はペンで丸をつけたり、何か書き込んだりしながら、不満たらたらだった。「こんなに重なっていたら、どう選ぶんだよ?」

85学年度の上学期、種子学園の子どもは18科目、48クラス、7クラブを選択することができた。補習指導、数学(7クラス)は全校生徒必修。国語の単語(6クラス)、作文(3レベル)は小学部必修。映画、および生涯計画は4年生以上必修。人文講座、生命科学および英語(3クラス)は中等部必修。ほかには文学鑑賞(3クラス)、理科(3クラス)、化学、美術工作(3クラス)、合唱、音楽(2クラス)、劇団、農民、裁縫、調理、手工芸、体育、バスケットボール(2クラス)、総合技術(大工、水道電気工事)、タイヤル族文化、野外サバイバル(2クラス)などの科目もあった。それ以外にも釣りキチ三平、音楽と幻想、笛、機織り、書道、主席団、通信社などの教師指導の7つのクラブにも加入できた。だが、1週間に30コマしか授業はなく、空き時間を確保したい場合は、取捨選択がかなり難しい。

「だったら、いっそ普通学校と同じく、クラブ活動以外はすべて必修にすれば面倒なことはなくなるんじゃないの?」冬冬のお母さんはわざと冬冬をからかう。冬冬はとたんにお母さんを睨んだ。「からかうのはやめてよ。選ぶのが難しいってことと、選ぶ必要がないってことは違うよ。選ぶのに何日かかってもいいよ。そのほうが1学期中ずっと教室で座ったままなんかよりずっといいからね」。

本当のところ、計画表を見るだけでは学園のカリキュラムの実際の内容なんてほとんどわからない。説明書は授業を担当する教師の考え方と目標を生徒に理解させるのに役立つことと、教師に最低限の教育計画を準備させることに実際の意味を持つ。授業が始まっていくと、教師と生徒との交流、生徒の個別の事情、何らかの出来事の発生などによって授業内容はある程度調整せざるを得ない。だが、まったく経験のない教師を除き、学園教師は子どもに深い理解を持っているため、調整の幅は小さいのが普通である。

子どもに選択科目の内容を明確に知らせるために、教師は教育計画のなかで授業の内容、方式、目指す目標、宿題を詳細に記載するほかに、保護者と教師の面談や始業時の科目説明会の場で行われる、保護者と子どもそれぞれに対する口頭での説明、授業の紹介資料の配布なども行う念入りさだ。本学園規則では、選修クラスの生徒数が4名に満たない場合、その授業は開講されないからだ。せっかく先生が練りに練って計画を作成しても、誰も授業を選ばなければ、先生は大きなダメージを受けることになる。

だが、授業紹介と実際の授業には、たいてい大きな違いがある。したがって、授業開始から

2週間は学園生徒の「お試し授業」期間にし、2週間内なら、いつでも自由に参加と辞退が可能だ。そうやって子どもたちが個人の学習計画を立て終われば、そこで科目は最終的に決定される。

今年の夏休み、先生たちは時間割の作成に頭を悩ませていたが、そのときちょうど、従来型学校の教師が本学園を見学に訪れた。当時、図書館のなかに大きなホワイトボードを立てかけ、全教員が集まって授業の時間割の調整に頭を悩ませていた。時間割の作成は、子どもの年齢層、興味、交友関係、さらには教師の人数や、科目によっては行政からの要求も考慮する必要があった。そのため、時間割表をああでもないこうでもないと書いたり消したりしていたので、誰もこの外部からの教師の訪問に注意を払うことも、話しかける余裕もなかった。そういうわけで外部教師はそこらをぶらぶらしながら学校の様子を見て回っていた。

やっと時間割が決まった。先生たちはため息をつきながら、子どもたちに文句を言われることを予想していた。長い時間費やして調整したにもかかわらず、授業の重なりはどうしても避けられなかったからだ。先生たちは昔からの言葉で自分を慰めるしかなかった。「子どもたちは、学習の取捨選択と時間配分を学ぶ必要があるからな！」

この多種多様なカリキュラムに対して、だいたい最もあきらめの悪いのは保護者だ。子どもの学習機会を逃すのはとても残念、彼らはそう思っている。だが、過去の経験が証明するように、こんな心配はかえって子どもの自主的学習を阻害してしまうのがほとんどだ。

学園長は計画書の前言で保護者に対する忠告を特記している。

「子どもに各教科の内容を理解させてください。しかし子どもに何を選べとか、絶対に説得などしないでください。それぞれの子どもの性格、好み、風格、能力はどれも異なっています。無理強いはいけません。自分の意思で授業を受ける子どもだけが、本当の意義あるものを学べるのですから」

「子どもが自らの意思で授業に参加する前に行われるすべての勧誘やとがめだては、子どもに対する大人の不信と失望をさらに伝えるものに過ぎません。かえって子どもの自信と自尊心を損なうことになるでしょう」。新学園長はそう忠告している。

「ハハハ、私は、従来型学校の教師が子どもをうまく教えられないから、君たちはこの学校を創立したんだと思っていたよ」。見学に来た先生はやっと私たちと話ができるようになると、興奮して話し始めた。「だけどやっとわかったよ。私は完全に思い違いをしていたようだ。君たちの提供するのは私たちとは異なる思考方式だ。レストランでたとえるなら、私たちの従来教育では、子どもに標準型の定食を提供していて、子どもは食事を選ぶことはできない。君たちの教育では子どもが料理をそれぞれ注文できるし、出された料理を強制されることもない」。

この教師からは本当の聡明さが感じられた。こんな生き生きとしたたとえができるのだから。

第8章

国語

種子学園では、高度の言語能力は子どもを文明世界へといざなうものであり、自主的学習において必ず通らなければならない道だと確信している。ゆえに言葉に関する学習環境すべてを整えることが、これまでずっと本学園教師の努力目標となっていた。だが、教育の辿る道は険しく、曲がりくねってでこぼこだらけだ。国語教育においても種子学園は少なからず窮地に立たされてきた。本学園では国語の学習目標を規定するとき、国語の道具性と鑑賞性とをはっきりと区別し、道具としての必要性と、文学鑑賞への個人的興味も考慮することとした。子どもたちは正確な文字の運用と自分の意思を表現すること、さらに文字を通じて、自分の思考方式と世界を認識する方式を理解させることを目標としたのである。

1 国語教育の紆余曲折

「先生、ぼくの文章が載ったよ！」6年生の偉偉《ウェイウェイ》は3か月も待って、やっと新聞に自分の文章と名前が載っているのを見て、興奮で我を忘れている。小さな頃から国語学習に苦しんできたこの子を見て、私の目から自然と涙があふれてきた。

種子学園の2年間の教育の道のりを振り返ると、国語学習ほど変動が大きく、挫折も多い科目はなかった。国語教育は本学園教師たちにとって大きなストレスとなり、反省点も多いが、限界効果も最も大きい科目である。国語をもとに、私たちは「学習障害」に対する理解を徐々に深め、さらに子ども、保護者、教師ともにしっかりと前に踏み出すことができた。

本学園の教育を契機に、大人たちはもう国語学習を軽く見ることはなくなった。私たちは高度の国語力は子どもを文明世界へといざなうものであり、自主的学習において必ず通らなければならない道だと確信している。そのため言葉に関する学習環境すべてを整えることが、ずっと本学園教師の努力目標となっていた。

私たちは親が子どもと一緒に学びながら、教室や図書館で子どもに読み聞かせをし、元宵節《ユアンシャオジエ》（訳注：旧暦1月15日。日本での小正月にあたる）には猜灯謎《ツァイドンミィ》（訳注：灯籠に貼ったなぞなぞを解く遊び）をしたり、授業で使用するテキストを制作したりすることを勧めている。本学園では国語のレベルごとに教育目標を打ち出しており、教師が教材を選択するときには、聞く、話す、読む、書く、を必ず考慮し、子どもの思想と経験もあわせて考えるようにしている。また、開放的な教育の現場でしばしば発生する「練習量不足」の問題を補完するため、単語と作文の練習が必要なことを子どもにはっきりと告げ、国語を2つしかない必修科目の1つとしている。

だが、子どもたちに発生する学習の二極化は、親と教師を常に困惑させ、挫折感を味わわせ、自信さえ喪失させることがある。「いくら教えても、なぜ覚えてくれないんだろう?」「こんなに頭がいい子なのに、なぜ37個の注音符号すら記憶できないんだろう?」「なぜ彼の書く字はいつも曲がりくねっているんだろう?　なぜ字を正しく書けないいんだろう?」「なぜ彼の作文は意味が通っていないいんだろう?」

大人数での教育効果がよくないと見るや、先生たちは学習効果向上のために、補習、居残りを要求し、国語科目は何度も調整が繰り返された。クラスが細分化されるにつれ、前学期末には1対1、1対2の授業が8クラスも出現した。また、2名の教師は教えることへの挫折感から国語教育を辞退したため、学園の国語教育は極めて困難な状況に陥ってしまった。

教師の会議では教師たちは教えることの難しさを深く憂いていた。一部分の保護者が抱える子どもの学習効果への不安、それも教師たちにとって巨大なストレスとなっていた。学園の他科目の学習状況は良好だったし、なかには国語の成績がよい子どももいて、こちらが慰められるようなこともあった。そうでなかったら、国語担当の先生たちはみんな完全に崩壊していただろう。

これは本当に教師の能力の問題なのだろうか？　同じ教師が教えても、あるクラスの成績はよく、別のクラスの成績はパッとしないのはなぜだろう？　なぜある子どもは国語の勉強ができて、別の子どもはできないのか？　その子には一定の素質がないからなのか？　だが、勉強ができない子どものなかには、1年生のときから本学園に入学してきた者もいる。彼らは学習面で環境からの傷を受けたわけではない。学習意欲も問題ないし、知能が足りないってこともあり得ない。ではなぜ、彼らは学習環境になじむことができず、授業から逃げ出すことさえあるのだろうか？

こんな無数の疑問が大人たちの頭のなかをぐるぐると回り続けていた。それにもかかわらず、子どもたちは毎日楽しそうに登校してきた（国語以外はおもしろいことが多いので）。今から思えば、当時は本当に国語教育と学園にとっての苦難の歳月だった。

3年生の曼曼《マンマン》が本学園に入学してきた。彼女は賢く、明るく、可愛らしい子どもで、すぐにみんなの心を虜にした。だが、曼曼の国語学習もうまくいかなかった。親との面談で先生は初めて親の口から理解と支持を得ることができた。「うちの娘は学習障害なんです。転校してきたのもそれが原因でした。この学園はほかの学校にはない柔軟性と包容力を持っています。あの子はここに来て初めて学校の楽しさを感じることができました」。曼曼の母親はしみじみと語った。「私は学園の教育にまったく不満はありません。実際、先生がたはたいへんなご苦労をされているでしょう。学園の何人かの子どもは、やっぱりこの方面で同じ問題を抱えていますからね。先生たちはご存知だと思いましたが？」

知らなかった！　私たちはこのとき初めて、知的ギフテッド（訳注：先天的に、平均よりも顕著に高い知性や能力を持つ人のこと）、情緒不安、知的障害と異常行動以外で、学習障害の問題に直面したのだった。私たちは現学園長丁凡《ディンファン》女史の人脈から師範大学（訳注：教師を育てる大学）の特殊教育センターの協力を得て、先生たちを困惑させている一部の子どもたちに検査を実施した。

結果は予想どおりだった。そのため、夏休みに行う保護者と教師のための研修には特別に「学習障害」の課程も付け加え、保護者と教師にこうした状況に対応するための学習をしてもらい、学習障害を抱える生徒をよりよい方法でサポートできるようになった。

運よく本学園の教育方法は自主的学習だった。それゆえ個性の違いを尊重し、レッテルを貼らない本学園の方針は、私たちが「学習障害」について無知な状態にあっても、ほかの一般の学校とは違う結果をもたらした。学習に困難を抱える子どもを軽率に、救いようのない劣等生として扱ったりしなかったために、心理的な傷を負わせなくて済んだのだ。

学園の教師は、学習障害に関して時間をかけて模索していった。いわれのないことで非難されたりもしたが、その模索と調整の過程で、まぐれかもしれないが何人かの生徒は運よく適切なサポートを受けることができた。学習障害の生徒は綿密な学習設計、揺るぎなく、温かなサポートと応援を必要としている。学園の先生たちは1対1で実施する授業で、それぞれの子どもたちからの要求に応じているうちに、徐々に学習障害にも適した教育法を磨き上げていった。6年生の偉偉はこうして自分の問題を解決することで、自分でも満足がいく文章で初めて紙面を飾ることができたのだ。

人は生まれながらにしてさまざまな違いと欠点を持っている。学校ができることは、できるだけ早く子どもの特質を掴み、子どもに自分と他人を受け入れさせ、その子の成長にとって最善の方向を見つけ出すことだ。そしてこれには大人たちの忍耐と素早い行動が必要なのだ！

2 道具と鑑賞の分離

本学園の創立に関わってくれた家庭の多くは、文学的な素養が高く、古今東西の文学作品にとても造詣が深かったこともあり、自分の子どもたちが高度な文章能力を身につけることを心から願っていた。

種子学園で国語の学習目標を決定するとき、教育部（訳注：日本の文部科学省にあたる）が定めたカリキュラム基準のほかに、「暗記と理解」、「良好な討論態度および能力」、「図書館を利用して資料を調べ、読書、鑑賞の機会を増やし、自主的学習への自信と能力を高める」などの項目も加えることにした。

先生は教材を選択するとき、文章の思想性、文学性、子どもの体験との関係も考慮しなければならない。観念的な内容が多く、習っていない文字によって制限されてしまう国語の教科書は、先生たちからあまり受けがよくなかった。だが、先生たち自身が選んだテキストは一部の保護者には心配だった。子どもが「学ぶべき」ものを学べないのではと思ったからだ。

子どもの漢字と語彙の学習を助けるため、本学園の教育顧問は普通学校の小学生が学ぶ「漢字」を使用頻度と造語力に基づき、優先的に教育する漢字表を作成した。たとえば、使用頻度が高く造語力が強い「一、人、小、天、先、奇、気、話」などの640個の単語で、そのほか「今、吃、真」といった使用頻度が高く、造語力が普通程度の単語、「且、他、第、敢」などの使用頻度が高く、造語力がやや弱い単語、「又、也、毎」などの使用頻度が高く、造語力が弱い単語も子どもたちは早いうちに学ぶ。使用頻度が普通程度で、造語力が強い単語、たとえば「刀、江、烦」（訳注：中国語でも日本語とほぼ同じ意味をあらわす漢字）などは、その学習順序が「吊、拱、辣、壤」（訳注：中国語ではそれぞれ、吊るす、曲がる、辛い、土壌の意味をあらわす漢字）などの使用頻度が低く、造語力が弱いものの前にくることになる。

だが、漢字の形状の特性により、多くの子どもはまず文字を認識し、次に書く。さらに漢字はしばしばほかの漢字とくっついて単語となって初めて意味を成す。したがって学園の先生は文字を教えるとき、「単語」と「文節」との連結も考慮しなければならない。

2年間の実施経験によって先生たちにはわかったことがあった。それは、国語の教科書のように、文字、単語、文節、文章を1コマの授業ですべて教えるやり方だと子どもはうんざりするし、1週間に3～4回程度の授業ではとても間に合わないということだ。そこで私たちは、文字、単語、文節、文章といった「道具性の学習」と「文学鑑賞討論」を分けて、それぞれ異なる学習指導体系にした。授業で十分すぎる学習項目を抱え込み、教師と生徒が混乱して苦しむのを避けることにしたのだ。

夏休み、国語の教師は市販されている国語教材をいくつか比較した結果、1年生の注音符号教育と全体討論では板橋《バンチァオ》教師研習会編集の実験教材を使うこととし、2年生以上の単語学習、生徒の自主的学習の練習ドリルは以前使用していた国立編訳館の教科書に戻して学習することにした。授業のまとめには本学園の参考文字表および出版されているさまざまな教材を参照しながら、文字のビンゴ、部首結合、単語しりとりといった遊びのなかで学習させていくこととした。作文は独立させて授業を行った。

現在の国語担当の3名の先生たちはそれぞれの得意分野によって授業を分担することにした。叔貞《シュージェン》先生が1〜2年生の単語を担当、黎光《リーグァン》先生が3〜6年生の単語を担当、雅卿《ヤーチン》先生がすべての作文指導を担当することとなった。文学鑑賞は児童哲学討論と結びつけて、別の授業を実施した。第1レベルでは絵本を主な対象とし、叔貞先生が担当、第2レベルでは文章を選んで討論を実施、第3レベルは小説を選んで読むもので、第2レベルと第3レベルは雅卿先生が指導した。

学園で必修にしている国語の授業は単語学習と作文だけとし、それらの授業では国語の道具性に基づき、決まった宿題が要求されていた。だが、文学鑑賞は選択科目で、宿題はなかった。私たちの考え方は、道具としての言葉の素養は子どもたちが必ず身につけるべきものであるが、文学鑑賞には異なる要素があるため、無理を強いることはしない、というものだった。

子どもの自主的学習を補助するために、本学園の先生たちは夏休みに1か月にもおよぶ長い仕事に取りかかっていた。それは国語教科書のなかの各課の新出単語を「筆画」、「部首」、「読み方」、「意味」と合わせて「文字単語練習帳」として制作し印刷する、というものだった。それを子どもたちそれぞれに合ったスピードで1課ごとに勉強させていくのである。先生は学校が始まるときにも保護者と子どもにこの練習帳の標準的な使用方法を指導した。

ページを開き、本文を読む。

新出単語に印をつけ、その形、発音、意味を学習する。

書く練習（研究によれば、新出単語の学習効果は1日に10回書くよりも、3日に分けて毎日真剣に3回書いたほうがいいそうだ。信じるかどうかは別だが）。

単語をつくる。多ければ多いほどよい。

文章をつくる。少なくとも2つ。

各課の付録にある文型またはほかの練習をする。

先生に提出して訂正してもらう。

24冊の新出単語ドリルへの子どもたちの反応は予想外によかった。多くの子どもがすぐに1学期に3～4冊を終わらせると意気込んだ。6年生の白雲《バイユン》も、卒業までに後半12冊を終わらせると決心した。したがって、先生に訂正してもらうために提出する分量がとりわけ多くなっていた。ある日、白雲が黎光先生から戻ってきたドリルを開いてみると、あまりにおかしくて腹を抱えて笑い出してしまった。母親もたまらず見てみると、そこにはこう書いてあった。

「もうここまでだ。〝ガチャン〟という音がしたと思ったら、右腕が落ちてしまった。これからは、どうかこんなにたくさん書いてこないで！　黎光」

ハハハ！

3　どうして作文を習わなくちゃいけないの？

本学園の子どもたちの最大の特徴の1つは、想像力が豊かなことだ。彼らはいつも摩訶不思議な問題を持ち出してきては先生と討論する。大人がこうすべきだと思っても、子どもが納得しなければ、問題はもっと多くなる。しかし、理屈がわかれば、特別なケースを除いて、生徒たちは自分を納得させて実行することができる。だからこのような前もっての討論には、私は喜んでお付き合いする。

第1回目の作文の授業のとき、2年生の威威《ウェイウェイ》が質問してきた。「ぼくたち、どうして作文を習わなくちゃいけないの？　ぼくは字も書けるし、本だって読めるのに、先生はぼくたちに毎週3回も『心の記録、生活のシルエット』を書かせて。意味がないね、これは。書くようなものはないからね」。

「君は毎日の出来事で何も書くことがないって言うの？　それとも作文なんか書く必要はない、と思ってる？」先生は笑いながら尋ねた。「これはまったく別の問題よ。君が言いたいのはどっち？」

威威はすぐには返事を返せなかった。授業の鐘が鳴ったので、先生は威威の手を引いて一緒に教室へと入っていった。

15人の生徒が目を輝かせながら先生を見ている。点呼を取り、生徒全員が自分の席に着くと、先生は威威の問題をクラス全員で討論することにした。

「どうして作文を習わなくてはならないんでしょう?」

みな、しんと黙っている。

先生は黒板に1人の人を描いて、その人の向かい側にもう1人の人を描いて言った。「もしこの人が、別の人に自分の考えを理解してもらうにはどうする?」

「彼に話せばいい!」みんなは異口同音に答えた。先生は「話す」と書いた。

「どう話す?」また先生が尋ねた。

「こう言えばいい」。1人の子どもが自分を指さしたのでみんな笑い出した。

「ほかの人が聞いてわかる言葉で話す」。子どもたちが意見を言い始めた。「言葉がわからないならジェスチャーでもいいよ」。「それは〝手話〟っていうんだよ!」知識が豊かな如如《ルル》がすぐに説明し始めた。先生はずっと黒板に子どもの意見を書き記していた。

「音楽はどうだろう?」

「いいね。そんなに簡単じゃないだろうけど」

「絵を描くのは?」

「いいんじゃない?　でも、やっぱり簡単じゃないよね」

「字を書くのは?」

「それもいいね。だけどほかの人が見てわからなければだめ。目が見えない人には聞こえるもので、聞こえない人には見えるもので。見えないし聞こえない人には触ってわかるやり方（点字）で。どの方法も相手が理解できなきゃだめ。話すこと、文字を書くことは最も便利な方法よ。だけど距離が遠くなると音声表現は制限を受けるから、文字が非常に必要なものになります」

「アリの友だちのイモムシが遠くへ引っ越しました。アリはイモムシを懐かしく思い、葉っぱをかじって3つの穴を開け、こう表現しました。〝君が懐かしいよ〟。そしてそれを郵便でイモムシに送りました。イモムシは手紙を受け取ると、やっぱり3つの穴を開けてこう表現しました。〝読んでも意味わかんないよ〟。そしてまたアリに送り返しました。6つの穴が開いた郵便を受け取ったアリは、どうすればいい?」

「作文の授業は、みんなに書く方法を教えて、直接会って話さなくても、他人に——1人だけじゃなくたくさんの人に自分の考えを伝え、自分も他人の考えが理解できるようになるのよ」。先生が説明した。

「それじゃあ、ぼくは字が書けるだけでいいよね」。威威は自分の主張をあきらめない。

「文字が書けるってことと文字を使えるってことは同じじゃないのよ！」先生が黒板に「信、達、雅」の3つの文字を大きく書くと、みんな目を真ん丸にした。

「〝信〟は〝真実〟の意味です」。先生は例を挙げて説明を加えた。「もし、君が泳げないのにこう書いたとする。〝ぼくが一番得意なのは自由形です〟。これを見たら先生は君に、みんなにお手本を見せてくれと頼むかも。そしたら君はいったいどうする？」

「〝達〟は〝正確に表現する〟の意味です。君は私に、鉛筆を1本買ってほしかったんだけど、卵を2ダース買ってほしいと書いちゃった。どうする？」威威は大笑いだ。「ぼくはそんなにばかじゃないぞ」。

「それはわからないわね！」先生は笑い出した。

「〝雅〟は何？」

「それは〝優雅〟だろう！」如如が発言した。

「〝優雅〟って何？」先生も意味がわからなかった。

「ハア！　これは説明が難しいよ！　一種の感覚だよ！　見て気分がよくなるものなんだ！」

如如は少し焦って説明したが、先生は同意の意味で頷いてくれた。「そうよね、これは説明が難しいよね。でも、他人が見て気分がよくなる感じとすると、文章が正しい感情を正確に表していたとして、ほかにどうやって読む人の気分をよくする？」

「文字をきちんとそろえる」。「書いたり消したりしない」。「悪い言葉を使わない」。子どもたちは少し沈黙してから言った。「もっとあるはずだ」。

先生が説明を付け足した。「作文の授業は、どうすれば自分の考えを真実に、正確に、そして優雅に表せるかを学習するものです」。

「じゃあ、なんで『心の記録、生活のシルエット』を書かないといけないの？ それも毎週3回もね」。威威はまだあきらめない。

「『心の記録』は君が心で思ったこと、『生活のシルエット』は君がしたこと、つまり、日記を書くことなんです。君たちの作文はまだ基礎段階に過ぎないの。先生は君たちが自分と関係のあることを書いてほしいのよ。そして君たちの書いた内容から何か手伝えるところを探してあげる。別に週3回だけでなくてもいい。5回でも10回でもいいのよ。たくさん書いてください。作文で中級や上級の段階になったら、きちんとした作文の技術を教えてあげるから」

「じゃあ、先生の言っているのは、ぼくが書くんだったら、何を書いてもいいってこと？」如如はまたそうひと言加えた。先生はちょっと考えて頷いた。「そうね、君が書くつもりなら、何でも書いていいわよ。でも絶対に本当のことを書いてほしい」。

「ファンタジーを書いてもいい？」

「自分で考えついた内容なら、真実ともいえるからもちろんいいよ」

『心の記録、生活のシルエット』

85年 9 月 10日　　姓名：COCO

（訳注：西暦では1996年）

今日のごご、ぼくは退屈だ。

なんで退屈かって？　一緒に遊ぶ友だちが誰もいないから？　天気が暑くて何もしたくないから？

君もよく退屈になるかい？

退屈なときはどうしてる？

提供：陳知言《チェン・ジイエン》

「っていうことは、人のを真似たのじゃなく、自分で書いたらいいってこと?」

「そういうこと」

「でも、作文の授業では、ぼくたちにことわざを書かせるし、詩を暗記させたり、いっぱい本を読ませたりしているよね。あれはなぜなの?」鈞鈞《ジュンジュン》が別な問題を切り出してきた。

「ほかの人がどういうふうに自分の考えを表現しているのか参考にするためよ。たくさん読んで、たくさん覚えて、お腹のなかにたくさん蓄えたら、将来それを使えるでしょう! 〝養兵千日、用在一時(兵を養うこと千日、用は一時に在り。訳注:長期にわたって兵を養うのはいざというときに役立てるためである)〟、〝巧婦難為無米之炊(巧婦も無米の炊は為し難し。訳注:やり繰り上手な嫁でも米がなくては飯が炊けぬ。つまり、「無い袖は振れない」という意味)〟、〝熟読唐詩三百、不会作詩也会謅(訳注:唐詩300首を熟読すれば、詩はつくれなくとも吟じることはできる)〟、なんていうのは聞いたことあるでしょう?」

先生が繰り出すことわざの数々に、作文基礎レベルの子どもたちはびっくりして受け入れた。彼らはこう思ったかもしれない。この先生の知識の量はすごいって。そしてやっと落ち着いて授業を受けた。すべての作文の先生がこんな出来事に出会うものなのか、私にはわからない。だが、子どもに付き合って、ともに本質的問題を考えることを、私は本当にうれしく思う。

4 どう見てもよくないのに、なぜ先生は素晴らしいって言うの？

「どうして作文を習わなくちゃいけないの？」という子どもからの挑戦の後、基礎レベルの子どもたちは思ったとおり、家で真面目に作文の宿題をするようになった。その結果、1人の母親が私に電話をかけてきた。「うちの子は勉強机の前に座って真剣に考えているんですが、考えすぎてヒステリーを起こしてしまうんです。書きたいのに、どう書けばいいかわからないんです」。

「ありゃりゃ、それでどうなりましたか？」私は尋ねた。

「どうなった？　子どもは泣き出しましたよ！」

「その後は？」

「だからこうやって電話をしているんです！」

私は受話器を持ったまま、白い壁を眺めていた。どう話せばいいかわからなかった。

「先生、何とかうちの子にどう書けばいいか教えてもらえないでしょうか？　私は教えられませんし、あの子はヒステリックになってしまうので。それに私も従来型学校には戻らせたくないんです。子どもにとっては勉強漬けの悪夢の道ですからね。よろしいでしょうか？」

電話の向こうのお母さんの罪のない顔が心に浮かんできた。私は軽く言った。「お子さんに何かを書きたい、書くんだという気持ちがあるなら、1文だけでもかまいません。お子さんに、作文がつまらないものだという印象を捨てさせてもらえますか？　まとまった考えを書かなくてはいけなくて、書き方も間違っていない、そんな文章だけが先生に提出できるなんてことはないのだと」。

電話の向こうでは沈黙しているだけだった。

「私のやり方に賛同してはいただけないのでしょうか？　それとも、授業についてお子さんと話し合うこともできないのですか？」私はこの問題ははっきりさせたほうがいいと思った。

「先生のやり方は絶対に正しいです！　ただ、1文だけで作文なんていえるのでしょうか？」

私は何が問題なのかに気づいた。「もちろん、1文だけでは作文とはいえないでしょう。だけど作文とはいくつもの短い文がつながってできています。子どもが臆して1文さえも書くことができなくなれば、作文1篇を書くなんてできないでしょう？」

1週間があっというまに過ぎ去り、またもや作文の基礎レベルの授業の時間がきた。1クラス15名の子どもが提出してきた作文の宿題は8篇だった。ある子は1篇だけ、別の子は5篇も提出し、文が2つ、3つだけのものもあれば、100文字、200文字にもなるものもあった。宿題を提出しなかった子の理由は、忘れただの、書けないだの、聞いてなかっただの、書きたくないだの、さまざまだった……。

先生は手に取った作文をみんなのために大きな声で読み上げていき、1つ読むごとにその文章のいいところをほめた。宿題を出してない小応《シアオイン》は、たったの2文しか書いていない作文でも先生からほめられているのに気づいて鼻で笑った。「こんなのでも作文っていえる？　こんな作文だったら誰だって書けるだろ？」

「だけど君は書いていないでしょ！」先生はすぐに反論した。文を2つ書いただけの子どもはドヤ顔だ。

3回目の授業の前、新しく来た宏宏《ホンホン》がひそかに手紙を手渡してきた。宏宏の母親が書いてきたものだった。「先生、宏宏が〝宿題をやりたくない〟って言うんです。先生が同級生の作文を読み上げて、壁に張り出したりするからみたいです」。

あらら！　これはうかつだった。したがって、授業のとき、私は子どもたちになぜ同級生の作品を討論の材料として使うのかを説明した。また、このやり方は作品を公開したくない子どもにとっては不公平だったとも言った。だからみんなで討論してもらって、これから宿題を提出するときには記号をつけて、先生に伝えることに決めた。

作文に「✓」の記号をつけたら、授業で読み上げてもいいし壁に張り出してもいいということを示し、「△」の記号のときは張り出しはいいが読み上げはだめ、「☆」のときは読み上げはいいが張り出しはだめ、「×」は読み上げ、張り出しともにだめなことを示すことにした。何の記号もなかったらどうする？　「それは先生が決めたらいいよ！」今回、子どもたちはけっこう太っ腹だ。彼らは素早く記号をつけ始めた。先生は公開に納得している文章をどれもほめて、作文にも感想をいっぱい書いて返してあげた。

作文の読み上げも張り出しもだめな宏宏も、宿題を提出してきた。先生は彼の作文を慎重にしまい込み、誰にも見せなかった。

これで作文基礎の授業が幸せで楽しい時間になったと思ったとしたら、とんだ勘違いだ。

6名の子どもの宿題の提出がまだだった。そのうち学習障害の子どもは学習をあきらめてしまった。母親は焦っていたがどうしようもなかった。ある子は家での習い事が多く、作文を書く時間がなかった。別の子は母親の怒った顔を見たくないので、作文の提出も書くことも望まなかった。先生はどうせぶたないし、罵りもしない。ごまかしているうちに時間が過ぎていった。

こうした子どもたちの顔を眺めていると、心がとても苦しくなる。特に年齢が小さい学習障害の子どもに対しては、しっかり組み立てた、その子に合わせた授業をして指導しなければ、学びの一歩を踏み出すのが難しい。

「私たちで作文クラスを開設しよう！」先生と子どもが話し合って、週1回午後全部を使って、そんな子どもたちのために一緒に作文を書く時間を持つことにした——彼らそれぞれの状況に合わせて学習内容を練っての指導だった。

思いがけないことに、今度は学習成績のよい子どもに新たな状況が発生していた。如如は家に帰って母親にこう言った。「先生ったらかなり変だよ。何人かの作文はどう見てもよくないのに、先生はどれも素晴らしいって言うんだよ。先生の判断はかなり問題ありだな」。

私はこう答えた。「そうだね！　如如の作文のように構成がうまくて、内容が豊富な作文から見れば、文が2つか3つくらいしかなく、それも曲がりくねった字で書かれた作文は、どう見ても素晴らしいなんて言えないよね。だけどすべての人が、君やほかの子どものような資質や精神力を持っているわけではないのよ。先生はみんなが一生懸命に書いてくれるのを応援したいと願っている。一生懸命に書いて、1つひとつ改善していけば、いつの日か彼らだって豊かで美しい文章を書き記すことができるようになるはずなの。少なくとも勉強をあきらめるなんてことにはならないと思う。君をほめる場合の素晴らしいは、文章がいいことかもしれないけれど、彼らをほめる場合の素晴らしい、というのは、努力して勉強したことだったり、誠実さだったり、生活態度だったりするものなのよ。これは君にもわかるよね?」

如如の澄み切ったきらきら輝く瞳に、私は突然涙腺が緩み、泣きそうになった。子どもが作文の授業で学ぶものは作文の技術だけ、ということはあり得ないであろう?

5 こうすれば文章も完成できる

学園創立からの時間で体得したものがある。もしこの世界に造物主が本当にいたなら、きっといいかげんで不公平に違いない、ということだ。だから、子どもたちにそれぞれ与えられる恩恵もこんなに違うのだろう。もしこの世界が何らかの原則に従って運行されているなら、子どもたちの迷いを打ち破って、自分自身を受け入れ、世界に適応する術を育む手助けをする、それこそが教師としてなすべき本当に大切なことではなかろうか。

本学園の教師が最も意識しているのは、子どもに「自我意識を形成させること」であり、その次は、子どもに外の世界の規律を理解させ、「多元的な価値観を確立させること」、そして最後が「生存のための知恵を育てること」である。国語を含むすべての学科はこのような教育思想と表裏をなすようにデザインされている。

とりわけ、神様から恩恵を多くもらい、国語学習能力が極めて高い子どもに対して教師ができることは、言葉の窓を1つひとつ絶え間なく開けていくことだ。記述、抒情、説明、議論や詩、歌、散文などの文章、擬声語、比喩、想像、形容。それらの窓を開けていくたびに子どもの瞳がきらきら輝くのを見ることができる。世界を観察する彼らの視点が増えていき、考えを表現する方法も多くなることで、人が驚嘆するような作品が次から次へと紡ぎ出される。毎週1回、私は子どもの宿題作文集を開いてみる。まるでびっくり箱の蓋を開くようで、こんなご招待にあずかれるなんて思いもよらなかった。

神様からの恩恵が極めて少なく、国語学習が困難な子どもに対しては、1歩1歩学習の道を案内するために、教師はもっと多くのことをしてあげる必要がある。だが、このとき教師はとりわけ自分の無力さと限界を知るだろう。

今年9月、私は学園長の職を辞すと同時に、学園の国語の教育を引き受けた。子どもたちの学習を何とかしたいと思ったからだ。この2年間、精神も充実し、能力も備わってきた子どもたちが自主的学習に取り組むなかで放つ光を、私たちはこの目で見てきた。勉強はしたいが、克服することができない子どもたちの学習への挫折を、私たちは感じ取っていた。勉強にやる気の出ない子どもたちが学園にもたらす混乱と困惑を、私たちは受け止めてきた。私たちが期待していたのは、精神面でも肉体面でも、子どもたちに手を差し伸べ、彼らが失っていた好奇心と学習への意欲を回復することだ。

だが、私たちには、子どもの学習を阻害する根源を探し出す、医療従事者や専門家によるサポートが欠けていた。私たちは確かに長期にわたる観察と模索によって子どもの抱える問題を突き止めてはいたが、家庭と学校を支援し、子どもにとって最も有利な学習方法を示してくれる専門機関を見つけるのは困難だった。

視覚を通じて？　聴覚を通じて？　それとも触覚を通じて？　だが、そんな特殊な教材はどこにある？　子どもは何に対して考えるのが難しい？　彼らの抽象的事象への理解はどこが限界なのか？　彼らの画像への掌握度はどれくらいなのか？　私たちはどうやってサポートしたらいいのか？

このような問題を考えていると、国内の特殊教育のレベルの低さに腹が立ってきたし、親、教師、生徒の三者のやるせない状況に心が痛んでくる。だが、怒りも心痛も何の役にも立たない。毎日会っている子どもたちに、私たちはいったいどうすればいいのだろう？

「成功体験がなければ、子どもの学習への自信は確立できない」。これが本学園教師たちの結論だ。だが、どうすれば子どもに国語の成功体験を確立できるのだろうか？　教師たちは体力と精神力を尽くして、試行錯誤の道を歩んでいった。

現在までに私たちが「土法製鋼（訳注：鉄鋼の大増産を目指して原始的な溶鉱炉を用いた製鉄。ここでは、原始的な方法で行うこと）」するなかで得た心得とは、精神も充実し、能力も備わっている子どもたちに対しては、学園創立初期の理想を保ちながら、選択の空間と可能性を最大限に与え、彼らの自由で自主的な成長を促す。勉強はしたいが、能力の伴わない子どもたち（知力に問題があるか、学習障害かは問わない）に対しては、コミュニケーションによって彼らを理解した後に、教師からの積極的アプローチを通じて、彼らが選択時に感じる困惑と自分を抑えることへのストレスを軽減してあげる。勉強にやる気の出ない子どもたちに対しては、親と教師との連携および補習専門員からの協力を得て、本学園創立の際の「いかなる子どももあきらめない」というモットーを実現する。

そういうわけで、同じ作文上級の授業でも、あるクラスでは異なる詩体、説明あるいは議論文による作文の討論、またあるクラスでは中国と西洋の郵便封筒の宛名の書き方、日記の素材選択、感じることや体験を呼び覚ますことから始める。同じように、作文初級の授業においても、あるクラスでは記述文の分析をするし、またほかのクラスでは品物のリスト、漫画付箋、メモやカードを書くことから始めていく――どの子どもに対しても確実に学ばせ、いかに見直し、修正するかを教え、自分たちが満足のいく目標に達するようにするのだ。

2年生の廷廷《ティンティン》は、母親が代筆する方法を思いついた。4年生の蛮蛮《マンマン》はこの教育方式のもとではノンリニア思考（訳注：非直線的な思考、通常の傾向からは想定できない発想をする思考）が詩をつくるのに特別に合っていることに気がつき、子どもの詩を勉強していった。6年生の冬冬は段階的に作業する方法を思いつき、作文の内容はより豊かなものとなっていった。これらは今や作文の授業における重要な教育法の1つとなっている。

冬冬の方法はこうだ。1回に1つの句点までしか書かない。文章の流れがどうでもかまわない（文章の流れのことなんか考え出したら、文を書くことは難しくなってしまうから）。その主題でもう何も書けなくなったら、すでに書き記した各文章を大人の協力のもとで、文章の脈絡を整理して流れの通った作文へと変化させていく。

次の「ぼくの可愛い小乖《シャオグァイ》」は冬冬が夏休みにつくった得意の作品だ。

小さな可愛い小乖は黒くて大きな目を持っている。身体には短い雪のような毛が生え、大きな2つの耳、長い足も持っている。あいつの鼻づらの端っこはちょっと黒く、真ん中あたりはちょっと白っぽい。

83年（訳注：1994年）もすぐに大晦日になるある夜、ぼくとお母さんは動物病院の門の前を通りかかり、獣医さんが白い小犬に話しかけているのに出くわした。「もうすぐ年越しだな。誰もおまえをもらってくれないと、俺はおまえを処分するはめになってしまうんだ」。そのときぼくはちょうど犬を飼いたいと思っていたので、その白い子犬をもらってきた。それが小乖だった。

小乖は獣医をとても恐れている。動物病院に連れていくと、いつもブルブル震え始め、ぼくやお母さんの身体によじ登ってきておりようとしない。注射でも打たれようものなら、悲しい声で助けを求めてくる。

小乖は外で遊ぶのが好きだ……

小乖は食いしん坊だ……

小乖が眠り込んだ……

小乖……


書き終えた作文は原稿用紙4枚にも及ぶ、本当にたいしたプロジェクトだった。冬冬は小乖の絵まで描いた。この文章を掲示板に張り出すと、読んだ人たちは口々にほめた。

俗に「慢鳥先飛（慢鳥は先に飛ぶ。訳注：飛ぶのが遅い鳥ほどほかの鳥に先んじて飛びたつ。能力の劣る者はほかの人より早く仕事に取りかかること）」と言うが、実際、飛べればどのように飛ぼうがどうでもいいことなのだ。

6 誰もいないよ

文学鑑賞は国語の選択科目だ。この授業を選択する子はみな文学が大好きで、本と文字の世界にある程度関わりを持ち、敏感で繊細な子どもたちだ。授業では彼らに文章を選ばせ、討論する——これは精神的な喜びでもある。

本学園の文学鑑賞は3つのレベルに分かれている。第1レベルは1～2年生のための絵本の読書指導と討論、第2レベルは3～6年生のための課題図書の鑑賞と討論、第3レベルは4年生から中等部のために実施する、課題小説の読書と討論である。学校が始まってから今までの、2か月あまりではあるが、文学鑑賞2の生徒は国語教育の臨機応変さと、クラスの自主性のおもしろさを理解してきた。

このクラスはとても小さく、7名しかいない。年齢の一番大きい謙謙《チエンチエン》は6年生、一番小さい欣欣《シンシン》は2年生（彼は国語科目の飛び級生）だ。女子5名、男子2名の構成で、毎週月曜の1時間目に集まる。この授業は自ら望んだ選択科目なので、みんなは集まるのをとても楽しみにしている。

初めての授業では、みんなで昔話――「1匹のカエルとキリンの会話」の朗読とそれに関する討論をした。授業では芋虫児童哲学基金会の協力思考方式（訳注：小グループによる活動の方式で、生徒同士の協力、分業、励ましにより知識を構築していく教学方法）を用いた。これは参加者みんなの発言と考えを尊重しながら、お互いにサポートと補足を行うものである。

カエルがどうやって人間の言葉を話したかということから始まり、言葉の学習、意思の交流、それに「動物の目からは〃人〃がどう見えるか」という話にまで討論は及んだ。動物が人類の言葉を発することができるということは、言語を理解しているということなのか？　身体と環境の間の影響と限界とは……。やがて授業の終わりを告げる鐘が鳴って、授業はここで終了した。

2回目に集まったときに先生が持ってきたのは、もっと昔の物語「井の中のカエル」だった。その本はアルビン・トレッセルト作、楊茂秀《ヤンマオシュウ》教授訳の文章で、擬声語がたくさん入っているというおもしろ味があった。子どもたちは文章を勉強しながら、カエルの「グワー、グワグワ」、牝牛の「モウモウ」、小鳥の「チッチッ、チュンチュン」という声をしばらく叫んでいたが、それが終わると次には「世界と世界の端」の問題を真剣に討論した。

この課題は授業2回に及び、絵本で自分の世界を表現する授業活動に発展していった。

自分たちが住む地球から始まり、広大な宇宙の概念まで話し合い、また、実際に生活している家庭や学校から、広大無限な思想世界に至るまで話が及んだ。さらに有限から無限を想像していくなかで、子どもたちは討論にすっかり心を奪われてしまった。

謙謙がこう言った。

「いくらたくさんのことを知っていても、頭がいいとはいえないね。想像できる、それこそが本当に頭がいいってことさ」

3年生の如如は少し考えてから、こう付け加えた。

「自分で自分のことを頭がいいと思うことと、他人が自分のことを頭がいいと思うことは、別なことだよ」

わあー、相対的な主観による判断が飛び出した！

井戸から跳び出したカエルが最後にした「生活方式の選択」は、「頭がいい」ことと何か関係があるのだろうか？　何人かの子どもは関係があるとは考えなかった。個人の選択に対して影響を与える要素があまりにも多いからだ。

次に彼らは興味の対象をもっと高いレベルへと持っていった。「高いレベルでの思想的な討論は、身体とジェスチャーで行うことはできるのだろうか？」子どもたちは実際に試して、げらげら笑い出した。

毎回、こんな素晴らしい会話が子どもの口から出てくるのを聞いていると、子どもは生まれながらの真の哲学者だということを認めざるを得ない。

先生がたくさんの絵の具と画用紙を持ってきたので、みんなは言葉や文字以外で、自分の世界を表現してみせることになった。

これらの絵を解読することもとても楽しい。絵を描いた人は黙っていて、みんなの絵に対する感想を静かに聞いているだけで、その後、自分の本意について説明を加える。ある絵の内容は意味するところが鮮明で、みんな十中八九、その意味を解することができたが、ある絵は鑑賞者との感覚に差がありすぎて、想像することも難しかった。最後にみんなが気づいたのは、構図以外に「色合い」が絵と鑑賞者との間をつなぐ重要な要素であることだった。

「さて！　次に色の詩を見てみましょう」。先生は子どもたちと米瓦《ミーワ》の詩「誰もいないよ」を朗読して、活動を総括することとした。

誰かが君にボ、ポ、モ、フォ[*1]を教えてくれるでしょう
誰かが君に加、減、乗、除[*2]を教えてくれるでしょう
誰かが君にどうやって自転車に乗るかを話してくれるでしょう

いっぱい練習すればできるでしょう
だけど
誰もいないよ
君が何を好きなのかを教えられるのは

誰かが君にどうやってバスのチケットを買うのかを話してくれるでしょう
誰かが君に地図の読み方を教えてくれて
昆明と大理*3を探し出すでしょう
天文学者が君と一緒に夜空を見上げて
星々の話をしてくれるでしょう

だけど
誰もいないよ
君が誰を愛するのかを教えられるのは

おばあちゃんは今日君にどうやって梅を漬けるか教えてくれるでしょう

叔父さんは君にどうやってタイワンアオハブ（訳注：マムシの一種の毒ヘビ）を捕まえるか教えてくれるでしょう
お母さんは君に食事の間に何ができるか教えてくれるでしょう

だけど
誰もいないよ
君が何を感じているのかを教えられるのは

なぜって
君の感じることは君の感じていること
この数限りない世界すべてのなかで
ほかの誰も
君のように君の感じたことを感じる人はいないのだから

＊1　台湾で使われている注音符号の最初の4文字。日本語のイロハ、英語のABCにあたる。
＊2　足し算・引き算・掛け算・割り算のこと。
＊3　昆明、大理はいずれも中国雲南省の地名。

7 カラフルな色彩世界

文学鑑賞2の子どもたちは、授業の討論のなかで色と感覚の関連性を見つけた。そこで先生はメアリー・オニールの『雹《ひょう》とヒラメの骨』の詩集から色に関する詩をいくつか子どもに推薦してあげた。

子どもたちはオニールの詩を読むとすぐに大喜びした。

「ぼくたちもみんなでこんな色の詩をつくるぞ」

「いいね！」先生は板書係と記録係を決めた。

「どの色を書こうかな？」先生は尋ねた。「書くのは……青って何？」璞璞《プウプウ》がすぐにこう返事を返した。誰もそれに反対しなかったので、先生は黒板に大きな字を書いた。「青って何？」そこで手を留めて、子どもたちの反応を待った……。

「青は清らかなせせらぎ」。謙謙が最初に発言した。「青は大海原の水」。璞璞はすぐにそれに続けた。次は宛鑫《ワンシン》が口を開いた。「青は海のなかのクジラ」。あちらこちらから言葉が続けざまに飛び出してくる。20分もしないうちに子どもたちによって色の詩が1つ完成した。構成を整えると、みんなはとても満足した。すぐに玻玻《ボーボー》が詩を朗読する声が学校内に聞こえてきた。

青は清らかなせせらぎ
青は大海原の水
青は海のなかのクジラ
青は広々とした天空

青はぼくのズボン
ジャケットの模様
明松《ミンソン》の雨靴
先生の時計
欣励《シンリ》のブックカバー

誰かの目は青い
青は水の根源
ぼくは青い小川が好き

カワセミの卵は青い
ぴっかぴっかの青

あるボールペンで書いた文字は青い
1つひとつの文字が青い海につながっている
ある頭のなかには青いやさしさがある
地平線の上の天空も青い

青はぼくの心の一部分
あるペンキは青い
　夜
フクロウとキツネは
青い目を持っている

青は神秘的
青は憂鬱

青はどこにでも隠されている
どこにだって青はある
青は世界の美

よい作品は自然と同級生たちの間で人気となる。こうして青の波は掲示板から流れ出し、作文の授業を飲み込んでしまった。作文第1レベルの子どもたちは、詩「緑って何?」を再び書くことにした。それぞれが思いついた言葉をすべて詩のなかに織り込んでいく。みんなはあれこれ言葉を放り込み、無意識のうちに単語の分類と整理をして、長い長い詩を1つ創作した。

緑は山
緑は草
緑は木
緑は春の楓の葉っぱ
それは四季で一番美しい色
緑はキュウリ

それにレモンとブンタン
緑色は紙
　ズボン
　机

それはぼくの筆箱
　ぼくのゴム輪
詩敏《シミン》の水入れ
　竑廷《ホンティン》とCOCOの服
　鉛筆、自転車
グラウンドと床もそうだ
連可涵《リェンクハン》の運動着には緑の模様がある
緑はカエル、バッタとカマキリ
緑は苔、花壇と学校キャンパス

壁は緑
教室は緑
地球は緑
水も緑

多くのところから緑色が湧き出てくる
ある人の目は深い緑
ある人は髪を緑に染める
化粧品、水彩、クレヨン、キャラクターカードはどれも緑
目を閉じても　緑が　今も動いているようだ

緑は休み
緑はゆとり
緑は成長性がいっぱい
緑は平衡感覚の源

緑のリボン
緑の花火
世界のどこにでも緑がある
緑は永遠
緑　なんて美しいんだろう

作文第1レベルの子どもは詩を家に持って帰ると、得意になって親になぞなぞを出した。「ちょっと見てよ、どれがぼくのだと思う?」聞いた話では、どのお母さんも答えが外れたそうだ。ちびっ子はもっと得意になっただろう。

詩の王国にまさに足を踏み入れようとしている上級レベルの生徒は、クールに「黒って何?」を打ち上げた。みんな家に帰ってから、自分の色の詩をその週の宿題として創作した。個人でつくった詩とみんなで一緒につくった詩との間にはあまりにも大きな違いがあり、「これを使って心理分析してもいいくらい」と先生は言う。

黒は夜
黒は影

黒は未知
黒は死と破壊
黒は永遠の休息

黒は墨汁
黒は頭髪
黒は焼け焦げたところ

黒は中華鍋の鍋底
洞窟、目玉、砂鉄
カラスはみな黒い

黒は堕落の心
黒は孤独と寂しさ
黒は心の汚点
　邪悪な考え

すべてのマイナスの感情は黒い
黒は人から忌み嫌われる

何もない世界は黒
黒はつかみどころがない
すべての色を混ぜると黒になる
淡水河*の水は黒
恐ろしい汚染も黒
黒は人にものを見せない

全世界が排斥している――
黒を

もし光が　一切ないなら　黒
黒　何も変えられない
　どうしても忘れられない

水彩は黒、鉛筆の芯は黒
ものを記録する文字
そして文章は黒
黒　それは永遠に黒
世界は黒から始まり、黒で終わる
ぼくは黒を愛し、黒を憎む

＊　台湾北部を流れる台湾3大河川の1つ。

「あら、これは暗いんじゃない?」作文中級レベルの女の子たちは明るく美しい「黄色って何?」の詩をつくって学園の色の絵に鮮やかさを添えた。

黄色は土
それはバラが満開に咲き誇る大地
それはテンニンギクが咲き乱れる浜辺

黄色は太陽の光線

明るくひまわりの心を照らす
まるでお母さんの抱擁

それは美しい熱帯魚
ぴかぴかに輝く海のなかを泳ぎ
柔らかな海藻のなかを遊び
早朝の霞のなかを跳ねる

黄色は詩
暖かな詩
夕ご飯のときに家族全員が座るように
道をせわしく行きかう車の流れのなかのように

ひと息つく黄色の信号
楓の葉っぱが赤に変わる前
それは清らかな黄色

伸びた枝の上に軽くとまり
歌を歌うような黄色いコウライウグイス
　風が吹くと
チョウチョのように
飛んでいける

陸陸《ルル》が立て続けに持ってくる、赤、白、灰色いろいろな色の詩を手に取る。まるで手に虹を握りしめているようだ。先例を開いた文学鑑賞2の子どもは、自分とほかの子の作品を比較して評論家のような態度をとっている。

「今度は『画家アミーゴ』（訳注：ブラジルの児童文学作家リギア・ボシュンガ・ヌーネスの作品）の本を持ってこよう」。先生は自分にそう言い聞かせ、子どもに別方面からの文学解釈を紹介しようと思った。

8 どんな国で暮らしたい？

教育改革実施校で学んでいる由縁であろうか、文学鑑賞3の子どもたちは、『ザ・ウェイブ』という本を読書と討論のための課題小説リストの第1位に選んだ。

この本はアメリカの高校の歴史教師がクラスから学校レベルに至るまで、どのようにファシズムを子どもたちに指導していったか、その実験の過程を描写している（訳注：1967年に行われたサードウェイブ実験。カリフォルニア州のカバーレイ高校で実施された社会学的実験で、のちに小説化・映画化された。映画ではドイツの高校を舞台としている）。この本を推薦した白雲はこう言った。

「人間は自分の信念というものを守りきることができるものだと、ぼくはもともと思っていました。だけど、この本を読みながら、暮らしのなかで実際に体験した内容と照らし合わせると、群衆から個人への威圧はあまりにも大きいと感じました。特に盲目的な信頼に加え、暴力を受けることでその威圧は極限に高まります。ぼくはみんなで授業中にこれを討論できたらなと思います」

この討論は6回にも及んだ。みんなで討論した主題は次のようなものである。

・ファシズム政権とは何か？
・「残忍」の定義とは何か？
・独立した個人として、集団の一分子となる場合、その利害はどのようなものか？
・なぜ「ウェイブ」の会員は他人を脅してこの運動に参加させたのか？
・ウェイブの運動がカバーレイ高校の校内秩序を改善し、学生はルールを守るようになったが、なぜ校長、教師、保護者はかえって不安になったのか？
・サッカーの試合中に秩序維持を担当していたライナーは、敬礼は愚かな行動だと言っていたのに、なぜほかの人に敬礼を要求したのか？
・学校での生徒と軍隊での軍人とは何が違うのか？　卒業した生徒が軍隊で兵役に就いたら、その思想と価値観に矛盾が発生しないか？
・なぜこの歴史教師は今回の実験は苦痛の教訓だと言ったのか？
・なぜローリーは「ウェイブ」を退会すると、無価値に感じるようになったのか？
・もし可能なら、統治者が進歩的で優れている専制国家に住みたいか、それとも統治者が愚かな民主国家で暮らしたいか？

討論は時間無制限のオープン方式で進められた。つまりどのような議題であれ、みんなが納得するまで話し合ってから、別の議題に移る。参加者には進行に先立って「良好な討論」への共通認識を持ってもらう。そのためみんなの意見が異なっても、興奮して言い争うような場面は出現しない。

私たちが提議した「ファシスト政権」とは、恐怖によって専制または独裁目的の政権を達成するもので、とりわけ血なまぐさい。また、人の苦しみに心を動かされない、または相手の苦しみから快楽を感じるさまを「残忍」とした。だから、母親が子どもに無理やり予防接種を受けさせることは残忍とは言わない。しかし動物の苦痛を顧みないで、化粧品の安全性実験に動物を使うのは残忍である。生きたままの動物の解体から快感を得るものは特に残忍なものだ。

次に私たちは「民主」と「独裁」には必要となる条件が異なることについて話し合った。前者は理性のある国民が必要で、国家が乱れるか否かは国民の資質にかかっている。後者は国民の恐怖を利用して統治の目的を達するため、国家が乱れるか否かは統治者が賢いか愚かかを見なければならない。だが、この2種類の政治形態はどちらも国民の福祉を保障するとは限らず、そのため、大衆が悪であることに気づいた者は、立ち上がってはっきりと反対の意を表明するか、または自分の保身のために沈黙を貫くかすることになる。そのどちらを選ぶかは、事件の大きさ、反対を示したことによる悪影響、そして自分の良心の受容度から決定されることになり、決まった答えは存在しない。

誠誠《チェンチェン》はこう考えた。独裁社会ではリーダーのみが自由だ。なぜなら彼は集団から離脱することができるからだ。だが、白雲はそれに反対だった。思想が構成員たちの共通の信念となったとき、リーダーは往々にして神聖化されてしまうため、リーダーが集団から離脱することを望んでも、大衆は理想を維持するために、理想から逃げようとするリーダーを抹殺するだろう。だからこの種の社会では自由な者は存在しない、と彼は考えた。

「ぼくたちが、身体はある集団に所属しながら、思想はその集団の考えを認めないなんて状況はあり得るだろうか?」白雲が質問した。

「それは多元的な価値を尊重する民主的集団においてのみ可能でしょう。そうじゃなければ、あなたは表面的にはどうしたって服従しなくちゃね」。婷婷《ティンティン》が言った。「これもライナーのようなウェイブの会員が、自分たちの挙動が明らかに愚かだと思っていても反対できなかった理由だわ」。

構成員が自分の理想によって統制されているとき、他人がその理想を信じないことに我慢できず、暴力的な行動が生じ、よって本来の動機が素晴らしくても、変質してしまうことがある。このとき、誰かが騒動を煽るようなことをしてしまうと、テロリズムが台頭して、社会全体がより縮こまってしまう。これはなんと恐ろしいことだろうか!

これこそ、カバーレイ高校の校内秩序が改善されても、校長、教師、保護者が不安を抱えた理由だろうか？「それだけじゃないさ」。子どもたちが指摘した。校長は生徒が自己抑制を放棄して、外から持ってきた規範で自分を抑制していると感じていたし、先生たちも、生徒が暗記ばかりして何も考えなくなってきているのに気づいていた。だが、学校の存在意義は生徒の自立した思考と判断能力の育成であって、これは軍隊が行動の迅速さを必要として、そのために軍人が完全に服従する訓練を行うのとはまったく異なる。

「だから、生徒が従軍を決めても、軍人の本質を見極める必要があると思うわ。自己矛盾や、価値観の矛盾を招かないことね」。兵役の必要のない婷婷は思ったことをそのまま口にしたが、ほかの男の子たちの顔が曇ったことには気づいていなかった（訳注：台湾には徴兵規則があり、18歳になった男子は兵役に就かなければならなかった。２０１８年に志願制に移行した）。

「このくらいでもういいだろう！　もし可能なら、統治者が進歩的で優れている専制国家に住みたいか、それとも統治者が愚かな民主国家で暮らしたいか？」

誠誠は前者を選択した。なぜなら歴史上、優れた専制政治による治世、たとえば古代の唐の太宗（訳注：唐王朝の第2代皇帝。優れた政治手腕で「貞観の治」と呼ばれる太平の世を築いた）や、現代ではシンガポールなどが存在するが、よい民主国家には国民の高い資質が必要であり、それはかなり難しいと感じていたからだ。だが、白雲は後者を選択した。なぜなら、ある一定レベルにある民衆は、すぐに愚か者を罷免すると信じていたし、権力は国民の手中にあったほうが、進歩的な独裁者に掌握されるよりは確かだと認識していたからだ。

「忘れないで。もともとカバーレイ高校の生徒は自分たちが昔の失敗を繰り返すはずはないと考えていた。だが思いがけないことに、自覚のないまま、たちまち集権的になってしまったし、ベンガー先生だってリーダーの持つ権力の虜になってしまっただろう。こんな歴史は何度も繰り返される危険があるんだよ」。白雲が主張する。

「だけど、国民が現実の政治に不満を持っていれば社会は混乱するし、名君の出現を待ち望むでしょうね。焦って手に入れようとする心理状態になるのね」。婷婷の意見だった。

「それじゃあ、君はどこで暮らしたいの?」

婷婷はただ首を振るだけで何も言わなかった。

第9章 数学

本学園の3～4年生に、1キロメートルはどのくらいか尋ねたら、こう答えるかもしれない。「学校から交番の前を曲がったくらいの距離」と。この答えの真偽を疑わないでほしい。これは、彼が実際の体験で学んだことで、先生と一緒に実際に歩いてみたのだから。

種子学園では子どもたちが体験から学び、次第に数学の殿堂に足を踏み入れることを望んでいる。私たちも標準的な解法を要求しないこともあって、本学園の子どもたちは自分の考え方を試して有効な解法を見つけ出そうとする。また、子どもの成長過程において、親がおもしろい数学ゲームで一緒に遊んでくれることを望んでいる。なぜなら私たちは信じているからだ。このような環境のなかでは子どもが数学をこれ以上嫌いになることはないだろうし、数学を好きになることさえあると！

1 体験しながら数学の殿堂に足を踏み入れる

学園創立のその日から、数学の授業に対する実感と評価は、国語のそれとは完全に異なるものだった。大部分の生徒と教師はみんな数学の学習を楽しんでいた。学習障害の子どもでも、実際に解いてみるなかで喜びと新たな発見を得ることができた。

国語と数学の2科目を受け持つ先生はこの状況について長い間考えた結果、この2つの科目では表記内容の複雑性がかなり異なることを再認識し、さらに数学は自分で解答を導き出す経験を得ることができる、ということが重要な原因ではないかと結論を出した。

学園創立時に、保護者と教師による共同研修会の場で、朱建正《ジュージエンジョン》教授が明確に指摘したように、子どもが抽象的な数字の計算をしているときは心理的不安を抱えている可能性もある。この種の不安は子ども自らによる具体的かつ可視的な実際の作業、たとえば指折り数えたりカードを並べたりすることによって十分な体験を積み重ねることで消滅する。子どものこうした心理的要求を満足させなければ、数学の学習はまさに砂上の楼閣に似て、ちょっとした波風でとたんに崩れ去ってしまう。

だが、数学の概念形成に実際の体験がどのくらい必要なのかは、子どもによって異なる。だから大人たちが子どもたちを受け入れ、包み込むような態度で接し、彼らが抱える苦しみや戸惑いを理解しながら指導や話し合いを持つことが極めて大切になってくる。

ある母親がこう言った。

「私は子どもが〝3＋6＝9〟の計算を指を折って数えているのを見ると、腹立たしくなってしまいます。そして〝22＋17〟の計算では10の位と1の位をすぐに分けて考えることもできないのを見ていると、ますますイライラしちゃうんです。何度も何度も教えても、〝4＋2＝6〟もすぐに答えられないと、堪忍袋の緒が切れて〝バカじゃないの！〟と罵ってしまいます」

この話を聞くと、温和な朱教授がいつもは見せない沈んだ表情を浮かべて、厳粛な口調で話しかけた。

「子どもに数学を学ばせたいなら、どうか覚えておいてください。子どもに絶対に〝バカ〟と言ってはいけないことを！」

もうそれから3年にもなるが、当時の親や教師たちの驚愕した光景がまるで昨日のことのように思い出される。それ以後、本学園の数学教育はこの原則をもとにスタートした。

今日に至るまで、先生たちはそれぞれ独自の教え方を確立してきた。学習の進度に多少の差こそあれ、全体的に見ると数学教育は満足のいく科目の1つだった。

現在の本学園の数学の枠組みは普通小学校と何ら異なることはない。1年生から6年生までの数学科目の内容は普通小学校と同じで、ほかに普通小学校での内容を超えるクラスも1つ開設し、数学がとりわけできる子どもに学びの場を提供している。

一般クラスの状況は安定しているが、上級クラスは出席する生徒によってかなり違った状況が展開されている。昨年と一昨年、上級クラスの数学の授業では、非常に素晴らしい思索と討論が繰り広げられ、その奥の深さと広がりたるや、驚嘆に値するものだった。しかし今年は数名が卒業し、残った生徒だけではクラスを維持するのが難しく、寂しい限りだった。次の学期にはこのクラスに見合った生徒が入ってきて、数学の思索と討論の高みを目指してくれることを願っている。

普通小学校の数学科目の精神と本学園の数学教育におけるそれとは完全に一致している。1年生の数学教師は、公式の新教育課程の教材と教育法を全面的に踏襲している。2～4年生では新旧織り交ぜており、数学担当の先生は教育計画を立てるときに、普通小学校の教材と教育実験に使用している新教材の両方を参考にしている。5年生、6年生では旧課程のものを使っている。だが、本学園の先生たちは大きな自主権を持っていて、各クラスの先生は生徒のレベル、単元ごとの内容に照らし合わせて適切な調整を行うことができるし、当然、学園からも進度管理の制限を設けていない。

本学園の各数学クラスの進度は子どもたちの状況に応じてほぼ決定される。今学期、保護者との面談でみんながわかったことがある。それは、一部のクラスでは学期半分が過ぎた時点で1学期の学習計画相当分を終了していて、現在はさらに学習内容を深め、広める段階に移行しているが、逆にあるクラスでは授業進度が教師の満足のいく状況まで到達しておらず、子どもの学習速度と学習態度の面でも違いが大きく、クラス全体でまだ学習の雰囲気が定着していない、というものだった。そのため授業では子どもの個別の事情をもとに、クラス分けや個別補習授業、あるいは学習態度の育成と指導などの対応が必要となってくる。クラスによっては、教師が学期初期に立てた計画に沿って順序よく授業を進めているところもある。

2年間の教育経験が教えてくれたのは、授業進度の差はとりわけ大きな意味を持たないこと、子どもの学習状況こそが重視すべきこと、であった。各クラスの授業進度はどうであれ、各教師が重視していたのは、子どもが実際の体験で得るものだったので、数学の授業は見ていてとてもおもしろい。

あるときはまるで美術工作のようで、子どもたちは厚紙を使って角柱や角錐を制作しているし、またあるときはまるで遊戯のように子どもたちがダーツの点数を計算しながら、誰が今日の名手か競争している。ある子どもは熱心に売り買いの取引をしている。きっと将来は商業界の鉅子《きょし》（訳注：古代の諸子百家の1つである墨家の指導者をいう）となるのであろう。国語の授業のようなときもある。応用問題の用語解説は、問題を想像し、理解することにおいて極めて大きな意味を持つからだ。もちろん多くの授業において、数学の討論と練習を重ねたが、私たちは練習が単なる機械的な作業とならないようにしていた。

そんなわけで本学園の3～4年生に、1キロメートルはどのくらいか尋ねたら、こう答えるかもしれない。「学校から交番の前を曲がったくらいの距離」と。この答えの真偽を疑わないでほしい。これは、彼が実際の体験で学んだことで、先生と一緒に実際に歩いてみたのだから。

もちろん、質問が「1キロメートルは何メートル?」だったら、期待したとおりの答え「1000メートル」が返ってくるだろう。

2 数学はいつもこうして学び取る

子どもはどうやって数学を学び取るのだろう？　これはとても意味のあることだ。学習心理学ではさまざまな説があるが、本学園の数学顧問たちもあれこれいろいろな考えを提議しては教師たちと討論を繰り返している。だが、私は数学の教師ではないので、この種の理論はいつも聞いているだけで終わっていた。それでも先生と子どもたちとの会話のなかには明るい輝きがあるのはわかっていた。

たとえば、8歳の宏宏《ホンホン》は今学期になってからの転校生だったが、来たばかりのときは大人にかなりの不信感を抱いていた。ほとんど口を開こうともしないし授業に対する意欲も低く、練習問題への興味などさらさらない。結果、先生は宏宏の授業内容の理解度を把握できなかった。

ある日、数学の先生はグラウンドの芝生でずっとぶらぶらしている宏宏を見かけた。バッタや池のカエルを見ているようだったので、話をしようと語りかけた。

「宏宏、先生は午前中、自然歩道でこんな褐色のカエルを3匹見たよ」。宏宏は振り返って先生を見た。先生は何もないふりをして話を続けた。

「ここの2匹を含めてもう全部で6匹見たことになるね」

「違うよ！　先生が見たのは5匹でしょう」

「すごいね！　もし先生が5匹見て、君は7匹見たとしたら、2人で何匹見たことになるだろうね？」

「12匹だよ」

「もし1匹のカエルの脚が1本なくなったら、3匹のカエルは全部で何本脚がある？」

信じられないかもしれないだろうが、それ以降、動植物に関わる数学の練習問題があれば、宏宏はやる気を示してくれた。「何となくわかる」と彼は思っていたようだ。計算のしかたがわからない子と同様、「10÷3はいくつ？」と質問したら、彼にも答えられないだろう。だが、「10個の飴を3人で平等に分配するとどうなる？」という質問なら、宏宏は3個ずつ各人に分けて、余った1個を先生に返すという答えはわかるのだ。

この種の「具象的内容から抽象的概念への思考の転換」はどのくらい時間がかかるのか？それは誰にもわからない。だが、時と場合によっては1回の授業だけで驚くべき変化が生じる。

10歳の芸芸《ユンユン》が割り算を習ったとき、10と1を使って具体的に考える必要があった。ある日、彼は9個の10と6個の1を絵に描いて「96÷4」の式を計算しようとした。まず8個の10の塊をつくって、2個ずつペアにした。次に残った1個の10の塊と6個の1をくっつけてから4個ずつに分解して、4個の塊をつくった。こうして「96÷4＝24」の式を導いた。

芸芸なら具体的な計算方法を使って、何とか正しい答えを導けるだろう、と先生はわかっていた。だから彼に自由に試させたのだ。授業終了を告げる鐘の音の前に、なぜか突然、このちびっ子の頭の回路が通じた。もう絵を描くことなく、標準的な割り算の式を書けるようになり、答えも計算できるようになったのだ。彼は、それはもううれしくて教室のなかを走り回っていた。自分が理解したことによってもたらされた喜びは、本当に文字や言葉では表すことはできない。

当然ながら難産のケースも存在する。佳仁《ジアレン》先生と日昇《リシャン》の数学に関する対話は、子どもの考えを尊重する先生がいかにしてさまざまな刺激を与えながら、子どもを少しずつ矯正し、数学の概念を揺るぎなく確立していくのかが、よくわかる。

これは分数の割り算に関しての先生と生徒との個別の対話である。なぜこの対話が必要になったかといえば、日昇が授業で習った「3／7÷1／2＝6／7」のやり方にどうしても納得がいかなかったからだ。したがって、今回は「1÷7＝1／7」のところから話し合いが始まった。

日昇は大きなケーキを切り分ける具体的な図を描いてから、「3／7＝6／14」のところは受け入れた。次にそれを「3／7÷1／2＝6／14÷7／14」と変化させ、さらに「6／14÷7／14＝6／7」と変換したときに、日昇の頭の動きはストップしてしまった。彼にはどうしても「6÷7＝6／7」が受け入れられなかったのだ。

彼の主張はこうだ。「6÷7＝6／7」の式では、数字すべてが変化していないのに、どうしてそんな計算で答えを導き出せるのか？　彼は、式はこう書くべきだと言って、どうしても譲らなかった。

「3／7÷1／2＝6／14÷7／14＝6÷7＝6／7＝0.8571……」

佳仁先生は彼と一緒にゆっくりと復習を始めた。日昇が心から納得し、「3／7÷1／2＝3／7×2／1＝6／7」の式を受け入れたのはそれから1か月以上もたってからだった。

昔、自分が数学を学習していたとき、こんな先生に巡り合えなかったことを、私はときどき本当に残念に思う。もし巡り合えていれば、今の私は「1／2÷1／4＝2」の式がどうしてそうなるのかわからない、なんて状態にはなっていなかっただろうに——もちろん試験のときにはどう計算すればいいのかは知っていたし、答えも正しかったが。

子どもと一緒にこうした思考過程を経たことがない人には、思考の転換とその価値を感じ取れないだろう。これこそが、保護者から子どもの練習量を増やしてくれという要求に数学の先生が直面したときに、こう述べる理由でもある。

「私たちの数学科目では、子どもが彼らなりの数学能力を利用できることを望んでいるのです。自分でより優れた数学概念を構築することが必要で、素早く解答を導き出すことがいいとは限らないのです」

先生も標準的な解法を要求しない。したがって、本学園の子どもたちは自分の考え方から有効な解法を見つけ出そうと試みる。結果、ほとんどの子どもたちは数学が大好きになり、試験もこわがらないようになるのである。子どもたちも自然とそれが身についているようだ。本学園の数学学習の進度が速い子どもはほかの子どもの勉強を手伝ってあげるときに、直接、答えを教えることはない。質問形式や図案を描いて相手に解説するのだ。

あるとき、8歳の明明《ミンミン》は「なぜ、ある数を1／4で割った数字は、同じ数を3／4で割った数字の3倍になるのか」との疑問の答えを佳仁先生に得意満面な様子で報告に来た。彼の考えでは、1／4を1個の計算単位とみなす。そうすると、ひと塊のケーキ1個を1人の1／4にあげる場合、ひと塊のケーキ1個を3人の1／4にあげるときと比べて、前者のほうが1人あたりのもらえる量が多いに決まっているし、それは後者の3倍の量になるのだという。正しいでしょう！

明明の屈託のない顔つきを見ていると、彼がなぜ上級クラスで「30を言ったら負け」ゲームで何度も続けざまに負けた次の日、自信満々に敵討ちに来られたのかがわかる。ちびっ子明明は帰宅後、何時間も費やして、このゲームの数学的メカニズムを全部理解したのだ。そして再試合では、もちろんリベンジを果たした。

3 白雲の数学の経験

本学園では数学に深い関心を抱く子どもが何人かいて、彼らは抽象的な思考をすることが大好きだった。彼らが使用する言葉はあまりにも複雑だったので、こんな言葉に慣れていない子どもや大人には難しすぎて理解できなかった。彼らは難しい脳の体操を極めて好み、合理的に見えるが、実際には矛盾しているさまざまな言葉を、しばしばお互いに言い合っておもしろがっていた。

彼らが自作のＲＰＧボードゲームに打ち込むときには、3～4時間も休むことなくいろいろ複雑な武器とルールを考え出す。そして次に頭を寄せ合って鉛筆と紙を使って何やらつぶやきながら何時間も、ときには何日でも遊び続ける。彼らが数学の答えを導き出すときは、しばしば解法過程が記されておらず、ただ答え1つだけがまるで大空から落ちてきた星のようにあるだけだった。不思議なことに彼らはほとんど間違えることはなかった。彼らが言うには、すべての計算は頭のなかで完成するのだそうだ。私にはそのような才能がないので、信じるしかなかった。後になって知ったのだが、暗算能力は人それぞれ限界があるので、本当に複雑な計算をする場合はやっぱり紙と筆が必要だ。

本学園は素晴らしい数学教師と教育顧問をずっと擁していた。したがって、このような子どもに接するときは、大人たちのほとんどは彼らと距離を置きながらも、彼らを高く評価し、喜ばしく思っていた。

だが、今学期、6年生の白雲はそれほど楽しくなかった。数学科目での一番の友だちでもありライバルでもあった2人が卒業してしまっていたし、数学的思考を楽しみとしていた教頭も教職を辞していたからだった。現在学園にいる、数学を愛好する何人かの子どもは、年齢が小さすぎるか、数学的思考が浅いかだった。先生と友だちに恵まれて、数学の世界は大いに活気があっただけに、ことさら寂しく感じられた。

私が本学園の数学の学習について書こうとしているのを知ると、白雲は自分の考えを話し始めた。「ぼくは1人の数学能力は天性のものではないと本当に思っているよ。もし各人の先天性の能力が異なるとしても、それ以上に環境からの影響のほうが大きい」。

「みんなぼくのことを学校で一番数学の能力が高いやつだって思っているけど、ぼくが思うに、皓皓《ハオハオ》、翰翰《ハンハン》、冬冬《ドンドン》、誠誠《チエンチエン》、明明《ミンミン》、威威《ウエイウエイ》たちの才能、能力はぼくと比べても引けを取らない。ただ彼らはぼくほどラッキーじゃなかったってだけだよ。ぼくには数学を愛しているお兄ちゃんがいるけど、彼らはそんな人がいないからね」

白雲は続けた。

「ぼくが物心ついてから、お兄ちゃんといろいろ遊んだけど、すべての遊びが数学と関係があった。ぼくたちが一番好きだったゲームは〝資本主義〟っていう、お兄ちゃんが自分で編み出したものだったんだけど、ぼくたちは家にあるおもちゃを商品の代わりにして、取引したり、利子をもらったり、投資したり、金もうけの商売をしたりしていた。お兄ちゃんはほかにもトランプゲームで遊んでくれたりもした。ものすごく小さいときから、ゲームのなかで、知らないうちにこの種の計算はうまくなっていたみたいだ。その後、学校に入って、九九の掛け算表だけは、少し苦労して覚えたけれど、掛け算は連続して足し算をするものだって知っていたからね。覚えるのもそれほどきつくはなかった」

「子どもの頃に数学で一番印象深かった経験は、お兄ちゃんが将棋の駒を持ってきて、ぼくにこう言ったことだ。〝2つの駒を投げて、1つが表で、1つが裏だったら俺の勝ちな。どちらも表か、どちらも裏だったらおまえの勝ちだ〟。ぼくはこう思った。〝可能性は3つ、そのうち2つはぼくが勝つ。1つはお兄ちゃんが勝つ。てことはぼくの勝率は3分の2だ〟。だからぼくは喜んで勝負した。結果は思いがけないことに、お兄ちゃんとぼくの勝った回数は同じだったんで変に思ったよ。後でお兄ちゃんが教えてくれた。〝2つの駒の表と裏の組み合わせは実際には4種類だ。1つは表と表、2つ目は表と裏、3つ目は裏と表、4つ目は裏と裏。さっきのゲームでは俺たちはどっちも2種類の勝つ可能性があったし、そのどれも4分の1の可能性だったから、おまえが有利だってことはなかったのさ〟」

「ぼくはすごく考えた。2分くらいして突然わかったんだ。どうしてこうなったのかってね。それ以来、基本的な確率ってものを学んだし、たくさんの数学の理論を学んで、いろんな概念を把握したんだ」

「だからぼくから数学の教育に関心がある親たちにアドバイスしてやるよ。子どもが成長段階にあるなら、その子におもしろい数学のゲームをさせろってね！　子どもと一緒に10・5（訳注：ブラックジャックのようなトランプゲーム）や99（訳注：ナインティナイン。台湾で流行っているトランプゲーム。それぞれが出した札の数を足していき、数が99を超えたら負けとなる）などのトランプゲームをしたり、五目並べをしたり、サイコロを投げて数字の大きさを競ったりしたらいいんだ。子どもと一緒に店で買い物するのもいいね。子どもの数学能力を高めてくれるはずだ。もちろん、子どもと鳩の巣原理、循環小数、無限数列、撞着語法のような、おもしろくてあまり深くない数学理論を討論するのもいい。子どもの数学に対する好奇心と探求への興味を引き起こすかもしれないよ」

この種の、子ども自身による経験からの意見はとても貴重なものだと私は思う。だから記録してみた。

第10章

理科

本学園の傍らには美しい南勢渓がさらさらと流れていて、両側は緑が生い茂る娃娃谷だ。極めて豊かな自然に囲まれながら成長する子どもに対して私たちが願ってきたものは、周囲を観察することで大自然の知恵を吸収していくこと、自然との交わりのなかで大自然の美しさを感じ取り、大自然を心から大切にし、愛することだ。もちろん、それぞれの子どもたちが会得する内容は異なる。だが、子どもたちが得るもの、それはきっと私たちの想像をはるかに超えるに違いない。それは彼らの魚釣りでの楽しみに似ている。竿を引き上げた瞬間、魚が針にかかったか、針を外して逃げたかということだけでは絶対にないのだ。

1 自然のなかで育つ子どもは何を学ぶべきか？

信賢の恵まれた自然のなか、本学園の理科のカリキュラムは創立からずっと、子どもたちによる周囲への観察、分析、思索、判断および実行の能力育成を目標に設計されてきた。したがって、第3レベルの理科の授業では、子どもがこうした作業をするように、先生がいつも指導している。

この指導で必要なのは、大人たちがまず自分の感情を抑え、子どもに彼らが体験した内容を思い出させ、整理する時間と余裕を与えることだ。次に子どもたちの体験整理の過程で、討論を通じて原理と原則を探してあげる。子どもたちが暮らしのなかでしっかり応用できるのはそんな原理と原則のみだ。だから、本学園の理科教育は本当に見どころ満載だ。

理科1では大自然に触れる喜びを味わい、それを五感で感じる。だから授業時間でもピーチクパーチクさえずる小鳥の群れが学園キャンパスを飛び回る。彼らはそれまでの観察の確認にとどまらず、常に新しい体験を求めているので、彼らが教室に戻った後の討論とまとめはとても素晴らしい出来だ。
校内の温度図を作成したときなどは、同じ場所なのにある人は冷たく感じ、ある人は熱く感じるといったことが起こった。みんな等しく足の裏で感知したのにどうしてこんな大きな差が生じたのだろう？　彼らは何度も校内を歩き回り、草地、グラウンド、アスファルトの広場、木陰、陽のあたる場所での温度差を納得できるまで細かく感じ取り、赤、橙、黄色、緑などの色で校内平面図に色をつけた。どうしても靴を脱がなかった2人の子どもは体験の機会を失ったのだが。

豆の栽培の単元では、子どもたちは異なる種類の豆の成長を図にしながら大喜びしていた。先生は、豆が培養皿で発芽してから土に移植するまで、図を描いて記録することを指導した。ところが2人の子どもはなぜか豆の苗を木の枝のように写生するので、先生はよく観察するように促したが、結果は同じだった。こういったことに対してほかの先生たちがどう対応するのかわからない、だが、舒跑《シューパオ》先生は無理強いせずに教育日誌にこう記録しただけだ。「これからはこの2人の観察力の育成には、とりわけ注意しなければいけない」と。

子どもの認識能力を育成する活動には、目隠しゲーム、音声地図、味覚と嗅覚、ひと目見ただけで組み合わせを記憶する、感覚、集中力を使う自然ゲームなどがあるが、みんなそれらが大好きだった。

理科2になると、全課程が落ち着いた体系的整理に進む。子どもたちは先生の指導のもと、毎日、月の満ち欠けの変化を観察し、後で月、地球、そして太陽の間の関係、および潮の満ち引き、日食、月食、極地での白夜と極夜について討論した。

ある子どもは毎日、月の出の時間が50分遅れていくことに気づいたし、ある子どもはげんこつで仰角を測ることを学んだ。子どもたちの姿が自然歩道を行ったり来たりしながら、腰をかがめて植物の形、根、茎、葉、花、果実、種子の違いを見分け、その機能を探求し理解していく。そのとき、彼らは植物を観察し記録する能力をも同時に備えていくのだった。

理科2の次の段階では、子どもたちは動物の飼育を始める。自分たちで飼育箱を配置し、動物を世話する。私はずっと子どもたちにニワトリの飼育を強く勧めてきたが、説得に成功しなかった。魚の養殖、昆虫の飼育とは大いに異なり、ニワトリの飼育がどれほどたいへんか、ということを子どもたちはよくわかっていたのだ――どれも動物には違いなかったが。

信じられないかもしれないが、本学園ではもう少しでブタを1頭飼育するところだった。だが、水源地の水質保全規定に抵触するということで、共同で養豚を計画していた3名の生徒は、あきらめるしかなかった。自然開放区のなかにある水槽、昆虫などはどれも先生と子どもたちによる長期間にわたる作業の結実なのだ。

理科3になると、舒跑先生は子どもとともに当地の立体模型を制作する。子どもに平面と立体との概念の転換を掌握させるためだ。

彼らは毎日、車で山道をあちこち移動し、異なる渓流の合流する様を遠望した。曲がりくねった等高線を備えた航空写真にも似た図面が眼前に展開しているのを見て、どの子どもも、こんな複雑で面倒くさいことができる自分はすごい、と思えてくるのだった。

先生が青い液体を慎重に少しずつ、段階的に淡い色の模型に注入しながら、子どもたちに等高線地図の意義を深く理解させていく。次に子どもをチーム分けし、ポリスチレンと粘土を使って完全な烏来——信賢の地形の模型を制作していく。その制作過程で子どもたちは順を踏んで行う作業がどれほど重要かを悟る。手順を間違えたら、さまざまな材料がごちゃ混ぜになってしまい、一層ごとに積み上げた高山が川や谷に複雑に挟まれた様相どころか、どこが高山なのかさえわからなくなってしまう。

大型模型を完成させ、最後に本学園の標識を模型に突き刺したとき、子どもたちが見せた得意げな様子ときたら、コロンブスの新大陸発見時にも劣らない。

そのほかの科目単元、たとえば水生動物調査や地層鉱物調査等でも、各種の実地調査と報告を行うように設計されている。

しばしば大人たちは私に質問してくる。本学園の子どもは従来型学校の子どもに比べて勉強内容が少なくないかと。私はこう答えている。本学園の学習方法は、共同研究と自己研究の能力育成を目指している。子どもが望むなら知識の蓄積など造作もない。だが、私たちは定量化による比較の術がない。なぜなら私たちの理科は選択科目なので、それを学ぶ生徒はみんな、心から理科を勉強したくて受けているのだ。そんな彼らの能力は、学習成果面では一番素晴らしいといえるだろう。従来型学校では好きであろうとなかろうと、また望むか否かにかかわらず、授業中は座って勉強するしかない、そんな状況で私たちとどう比較できるのだろうか？

2 ちびっ子釣りキチが腕を見せる

川は子どもの成長に寄り添ってくれる。それが種子学園創立時の親たちの願いの1つだったので、学校の敷地を探すみんなの目は山水豊かな地に向いていた。開校したばかりの長青キャンパス前には藍夢渓が流れていて、子どもたちは毎日、川で魚を捕まえたり、砂遊びをしたりしていた。浅瀬の清流はどれほど子どもの笑顔で満たされてきただろう！　2年前、学園の信賢への移転を決定する前に、初めて実地調査に赴いた教師団は南勢渓上流の渓谷を散策した結果、移転を決定した。この美しい渓流を子どもたちの幼少期で最も大切な記憶にしたかったのだ。

美しい川は学園全科目の揺りかごだ。

美術工作の先生は子どもを引き連れて川で石を描かせ、国語の先生は川の情景を文章にする。音楽の先生は川のせせらぎを伴奏にして笛を奏で、数学の先生は川で測量について教える。授業のないとき、先生たちは暇さえあれば子どもたちと一群となり、かけ声をかけながら石の間で飛んだり跳ねたりして遊び、気分が盛り上がると服を脱いで川で泳ぐ。もちろん、この渓谷を最も熟知しているのは野外サバイバル科目の先生と生徒、それに舒跑先生の「釣りキチ三平」たちだ。

舒跑先生はもともと地質学を専攻し、国立公園の解説員もしていた。10歳の頃から2人の兄の後をくっついてエビを捕まえたり魚釣りをしたりしていた。そんな彼が、先生たちに自主的なやり方を許し、子どもに「実際の体験から学ばせる」ことを重視し、さらには学習テーマごとの活動を利用して断片的な知識を結びつけることを奨励する、この学校での教育に従事するようになったのである。

すぐに彼は「子どもと魚釣りをし、同時に川や海を理解させよう」という思いが燃え上がった。そこで『釣りキチ三平』全巻を学校図書館の書棚に並べ、長短さまざまの釣り竿を校内に持ち込んだ。こうして大小さまざまな釣りキチたちの足跡は藍夢渓、南勢渓、桶後渓（訳注：いずれも烏来付近にある渓谷）に及び、果ては墾丁《ケンディン》（訳注：台湾最南端の恒春半島に位置する国立公園）や東北角海岸《ドンベイジアオ》（訳注：台湾本島の東北部に位置し、リアス式の海岸線の美しさと奇岩で有名）にまで、彼らが釣り竿を振る姿が見られた。

ある晴れた日の午後、理科の子どもたちは渓谷で採集活動をしていた。私は彼らの後ろをゆっくりとついていった。彼らの授業の様子と、谷川のつくり出す静けさで私の心は喜びに包まれていた。

釣り竿も魚とりの網も忘れてきたために、記録係をしなければいけないのをとても悔しがっていた忠鐘《ジョンジョン》は、都合よく私の案内役となった。この授業の説明のなかで私の質問に答えられないと、彼は舌をぺろっと出すと舒跑先生の助けを求めにいった。風がゆったりと吹いてくる。この2年間、彼らがどれだけのことを学んだのか、本当によくわかった。

「見た?」忠鐘は水のなかを指さして言った。「種類が違う魚は別の場所にいるんだよ。阿果《アーゴウ》のあたりにはオイカワ（訳注：コイ科の淡水魚）がいるかも。阿吉《アージィ》のあたりにはマナグエンセ（訳注：中南米のニカラグア原産の外来魚。1988年に観賞用として台湾に輸入された。成長が早く、生命力が強い）ばかりだな。水流で流されていなければ、この淵には苦花魚《クゥホアユイ》（訳注：クチマガリ。山奥の清流に生息し、体長30センチに育つまでに3年かかるといわれる）なんていないはずだからね」。

忠鐘と舒跑先生が私のために魚の種類の見分け方や習性について細かく教えてくれた。たとえば、マナグエンセは淵の浅瀬の酸素量が多いところの石の隙間に生息し、もっぱら苔を食べる、マナグエンセの卵には軽い毒性がある、オスのオイカワは繁殖期になると美しい虹のような色彩を身に纏う、苦花魚はスープにするとかなりおいしい、などなど。彼らはさまざまな餌を使って自分の好きな魚を釣ることができた。

「釣りたい魚を釣り上げる。これこそ凄腕ってもんだ!」

釣った魚は食べず、観察が終われば放流してやる。「針を外すとき慎重にやらないと魚をひどく傷つけてしまうんだ」。忠鐘はそう教えてくれた。

「魚を食べないんだったら、君たちにとっての魚釣りって何が楽しいの?」私は思っていることを口にした。忠鐘は考えながら答えた。「待つことかな。期待しながら待つんだ。魚がかかるその一瞬をね」。

釣りチームの組分け後、子どもたちは先生から浮子《うき》の調節、糸を人の字に結ぶやり方、オモリのつけ方、針の選び方、餌のつけ方、竿の振り方をちょっとずつ学んでいった。次にすることは待つことだ。待っている間に彼らは細かな観察と改善する方法をさらに学び、ほかの子どもの手助けと協力も惜しまなかった。

また、水流と気温の見極め、水深の測量、「天を怨みず、人を尤《とが》めず（訳注：『論語』憲問篇の一節。運の悪いことを人のせいにしないこと）」の精神の学習、さらには待っている間に、清らかに吹く風と水鳥を眺め、魚がかかったときには一瞬で対応する機敏さも身につけていった。ふだんは飛び跳ねている子どもが、ここでは微動だにせず座ったり、しゃがんだり、立ったりしながら釣り位置にずっと留まり、真剣に浮子を睨みつけ、忍耐強く探りを入れ、待ち続け、竿を上げ、糸を引っ張っている。それを見るにつけ、彼らなら人生の大問題に直面しても冷静沈着に事にあたれるだろうと思うのだった。

「ほら、見て！　網で何を捕まえたと思う？」謙謙《チエンチエン》と寅寅《インイン》が興奮しながらやってきた。網のなかでは雄のカエルが雌のカエルの背中にぴったりとくっついて抱接《ほうせつ》（訳注：雌と雄が身体を密着して生殖口を近づけ、雌が産んだ卵に雄がただちに精液をかける行為。カエルなどに見られる）している。舒跑先生は抱接の意味を説明しながら、3メートルほど向こうにある石のあたりを注視していた。さっき水中に潜ったカワガラスが頭を出すのだろうか。

「ここらの水鳥はだいたいがカワビタキ、ダイサギ、コサギ、カワセミ、それにセキレイだ。空を飛んでいるのはだいたいが、カンムリワシとカラスだ。あの2羽のカワガラスは初めて見たぞ」

「だけど本には書いてあるよ。ここらへんにはもともとカワガラスがいたってさ」。誰かが説明を付け加えた。

今学期、彼らは川で地形観察を実施して、大水になるとなぜ石が覆瓦《ふくが》構造（訳注：河川などが起こす流れによって、底面にある岩石や化石などが流向を向くこと）になってしまうのかを知ったし、砂や小石の形状、色彩、もともとあった場所も比較した。小さな理科教室は徐々に砂の展示エリアに拡大していった。

さらに、彼らは川の真ん中と川岸付近での流速、流量、比重を測り、土壌や水の保全性が弱いとされる泥と砂が混じった状況を観察した。水源地から生態に至るまで、先生は授業と実地観察、体験とを組み合わせて教え、子どもたちに渓流のことを深く知ってもらった。また、この渓流と対照しながら説明した基隆河《キールン》（訳注：台湾北部を流れる淡水河水系の河川。かつては砂金採集場であった）に対しても、子どもたちがその大切さを知り、愛するようになってほしかった。

先生の記録から、子どもが啓発された内容はそれぞれ異なること、学習で吸収した内容にも大きな差があることを私は知った。だが、ずっと私は信じている。こんな暖かな陽光と緑豊かな渓流のなかで子どもたちが得るもの、それはきっと私たちの想像やもくろみをはるかに超えるに違いないことを。それは彼らの魚釣りでの楽しみに似ている。竿を引き上げた瞬間、魚が針にかかったか、針を外して逃げたかだけでは絶対にないのだ。

3 山野を駆ける小さな英雄

ひと包みの塩、1本の刀、いくらかの火種（ライターや防湿マッチ）がぼくたちを山へと誘う！ヤッホー！　ヤッホー！　風にも負けず、雨にも負けない。ぼくたちは知っているから。どうやって雨風を避けるのかを。毒バチだってこわくないし、ヘビだってへっちゃらだ。ぼくたちは知っているから。どうやって危険を避けるのかを。山、そこにはぼくたちの食糧がある。川、そこには数えきれないほどの魚が泳いでいる。ぼくたちが冷静沈着、機敏さを備えていれば、ぼくたちは山の子どもだ。ヤッホー！　ヤッホー！

初めて林義賢《リンイーシエン》先生の木造の小屋に行ったときには、溢れんばかりの野生味に魅了された。40数年も文明世界で生きてきた私には、1人の人間が自分の手だけでこんな大きな家を建て、目の細かい漁師網や竹かごを編み上げるなんてとても信じられなかった。林義賢先生のウィリアム・テル並みの弓矢の腕前（訳注：原文は「百歩離れたところから柳の葉を射貫く」という故事成語）、水中の魚へ矢を射る姿、鹿を素手で捕まえるかっこよさを目にした後には、種子学園の子どもも彼と生活をともにして彼のような「自然の子」に鍛え上げようと思わずにはいられなかった。
このような協力教師を私たちの教育実験計画に組み入れる過程には、本当にたいへんな困難が伴っていた。だが最終的に、子どもたちは大自然で生き抜くために必要な知恵と勇気を学ばせてくれる、このタイヤル族の原住民教師を持つことができた。

林先生は、種子学園では4科目の授業を開講した。「野外サバイバル」、「タイヤル文化と子どもの遊び」、「総合技術」、そして「簡易修理」だ。子どもたちはこれらの科目の違いがよくわからず、どれも「林先生の授業」と呼んでいた。なぜなら林先生は授業を始めると、いろいろな学習を一緒くたにしてしまうからだ。天気、材料、その場の雰囲気などを見て、今日は子どもたちと何をするか決めていた。

たとえば、ススキが長く伸びていれば刈って避難小屋に積み上げることを学び、桂竹《けいちく》（訳注：別名、タイワンマダケ）のタケノコが土から頭を出してくると掘って料理したり、スモモが実をつけると果実酒をつくったり、気候が暑くなると泳ぎの時間、逆に寒くなると火を起こして焼き肉パーティーといった具合だ。
さらに、竹や樹木を切り倒し、ヘビを捕まえたり、岩をよじ登ったり、素手で石の隙間にいる魚を捕まえたり、草むらに落とし穴を仕掛けて野生動物を捕まえたり、山菜や毒キノコを見分けたり、泳ぐときの救命ロープの結び方を学んだり、料理したりなど、生存のために必要な技量を何度も練習して、しっかりと身につけていく。

このような練習はもちろん大自然のなかで行われるが、子どもたちは同じような授業を受けたことがあるかどうかに関係なく、いつも興味津々で何度も練習を繰り返した。彼らには十分ということは永遠にないのだった。


以前、林先生が子どもたちに綱渡りをさせているのを見たことがある。1年生、2年生のちびっ子たちが高いところに張ってある細いワイヤーの上に立っていて、腰には太い命綱を結わえていた。人1人分の高さもあるロープの上を1歩ずつ慎重に歩を進めるのを見ていると、こちらのほうが冷や汗が出てくる。だが、子どもたちは何の恐れもなく、逆に得意満面だった。小俐《シャオリ》などは何度も綱渡りを繰り返して、果ては、ロープの位置が低すぎると文句たらたらだった。子どもたちは林先生にしつこく付きまとって無理やり木製の眺望塔を鋼鉄製の高い塔に改造してもらい、雨のときでも授業ができるように作業場までつくってもらった。

「一番大事なのは安全だ」。林先生はまるで師匠が徒弟たちに言い含めるように教え諭した。「恐怖は野外サバイバルで必要なものだ。こわいものなしの無鉄砲なやつは自然のなかでは生き延びることができない。だが、あれもこれもびびっているっていうのもだめだ。ちょっとしたことで騒ぎ立てるやつ、そんなのは困りものだ。一番の方法はいろんな動植物の特性を熟知して、胆を据わらせ、しかも細かいところまで注意を行き届かせること。そうであれば大丈夫だ」。

薪の火がパチパチと音を響かせる。焚き火台の上の竹筒飯《ジュートンファン》（訳注：竹筒に米やもち米を入れて蒸したもの）や焼き魚、焼き肉のいい香りが周りに漂っている。そんななかで、林先生の山野での数えきれないほどの物語、子どもの頃の思い出を聞きながら、先生の投げ槍や、巨大な猪の頭の剥製を見ている子どもは、ほとんど神のように先生を崇拝している。

「これは林先生の言っていたことだぞ」。この言葉はもはや「聖旨（訳注：皇帝の命令のこと）」や「勅旨」のようになっていて、言い返すことはできない。本学園のほかの先生はいつもこう冗談を言っている。「この子たちが林先生の話にまで疑いを持ったときには、いよいよ独立した思考、判断を育成する教育の成果が出てきたってことだな」。

もちろんすべての子どもが林先生の授業を履修しているわけではない。学問好きで穏やかな気質の子どもや、考えるのは得意でも手を動かすのは苦手な子どもたちはあまり林先生の工房に行くことはなかった。だがみんなは、学園に実直さを感じさせるこんな先生がいることを、喜ばしく思っていた。

ある月曜日の午前中、学園の子どもたちは林先生の小屋が火事にあって燃えたという驚くべきニュースを耳にした。誰も彼も走って見に行くと、いつもみんなでまるくなって座っていた木の杭のテーブル、椅子が何もかもなくなっていて、高い2階建ての小屋は焼け焦げて今にも崩れ落ちそうな骨格だけを残している。冷蔵庫、スピーカー、テレビ、ベッド、銛《もり》、工具、はんだごて、鍋、お椀、柄杓《ひしゃく》、お盆……何もかも焼けてしまい、信じられない光景が眼前に広がっていた。今まで火災にあったことがない子どもは、火の威力を初めて思い知らされた。

「あれれ！　どうりで林先生が、水と火は情け容赦ないと言っていたはずだ！」

こんな状況でもまだ林先生の言葉が出てくるとは。いやはやこの徒弟たちには参った。

小屋が燃えてしまい、林先生の心の傷は大きかったのだろう。その日、林先生は休みを取った。子どもたちはみんなで相談して大きな4枚のカードをつくって冬冬に先生のところまで届けてもらうことに決めた。カードには1軒の透明な2階建ての家が描かれている。そのなかにはすべてがそろっていた。火事で焼けてしまった木製の車輪、書棚など、どれも絵のなかで復元されている。家の後ろには大きな魚の養殖池が特別に掘られていて、そこではなんとクジラが1頭泳いでいる！　カードにはこう書いてあった。「2年もかけてつくった小屋が焼けてしまって本当に悲しいと思います。しかし大丈夫です。ぼくたちが新しい家を贈りますから！」カードの裏側には大人と子どもの名前がぎっしりと書き込まれていた。

次の日、林先生は大きなジープを運転して何人かの助っ人を連れてきた。彼らは子どもたち全員の驚嘆と歓喜の叫びのなか、まだ燃え残っていた小屋をすっかり平地にしてしまった。「古いのがなくならないと新しいのだって来ないからな！　今日は小屋も道具も何もないや！　ぼくたちで何か探して食べるぞ！」大小さまざまの山野の英雄たちは、この悪運を受け入れると、ベルトを腰に強く巻き、山や川へと跳び出していった。

4 理科・化学の世界はなんとおもしろいのか

「ぼくがそこにいなくても、世界のどこかではきっと何かが起こっている。そしてそのことをぼくは知らない」。子どもたちが私に言った。「もしぼくが知りたいなら、自分で推測するか、行って証拠を探すだろう。だけど、世界はこんなに大きいんだから、どうやったらすべての出来事がわかるんだろう?」

このような好奇心と無限の可能性へのチャレンジのおかげで、人類の文学と科学はこれまで発展してくることができた、いつも私はそう思う。

校内に座っていると、常に変わった出来事に出くわし、おかげで私はこの小さな学びの世界が全世界にも劣らないところだと思うのだ。

「雅卿《ヤーチン》先生、1元（訳注：1台湾元は約3・5円）持ってる?」小さな頭が網戸の隙間から覗いている。事務仕事で忙殺されている私は顔も上げなかった。どうせお金を借りて電話でもするんだろう、そう思って1元玉を彼に手渡して、ひと声付け加えた。「明日返すのを忘れないようにね」。ちびっ子はお金を手にすると大喜びで走り去った。

2分とたたないうちに、また1人の子どもが網戸の隙間から頭を出してきた。「雅卿先生、1元ある?」3人目の子どもが1元を借りに来たときには、さすがに私も思った。「こりゃあ、きっと何か起こったに違いない。私が知らないだけだ」「私も知っておくべきか?」「もちろん!だけど、今はだめ。まずは今やるべきことを片づけてしまわないと」。私は心の対話を終わらせ、また仕事に没頭した。

突然、3つの小さな手が私の目の前に伸びてきた。それぞれの手の平には銀色にメッキされた小さなコインが載っていた。私が驚きのあまり「あらら!」と声を発すると、3人のちびっ子は得意満面、晴れやかな笑みを浮かべている。おちびさんたちは、どうやらまた実験室で新しい遊びを始めたようだ。


本学園の正式の理科・化学科目は、第1学期では高学年の子どものみが履修でき、第2学期では中学年以上で、とりわけ興味を持っている子どもも履修できる。その主な理由は一般の小学校の実験室課程は、本学園の理科1、理科2の動植物の観察のなかで、基本測量、酸と塩基の測定、顕微鏡と各種関連道具およびレンズの操作学習として実施されているからだ。

また、本学園実験室は開放区になっていて、興味のある子どもたちはいつでも出入りして瓶や缶などをいじくることもできた。そのなかで、授業中に先生の指導のもとで実施する観念的討論のうち本当に必要なものは多くない。「だから、1年間で十分」。理科・化学科目の教育計画担当の佳仁《ジァレン》先生はそう話す。

1学年でひと回りする理科・化学課程はとてもおもしろい。佳仁先生は初めて履修する子どもに対して実験室の安全説明をする以外は、テーマ別活動をしながら関連の物理原理や化学変化への理解と運用を学んでいくという方法を主に採っていた。彼女はこう言う。「私のやるべきことは、子どもの実験器具に接する機会の提供と、物理、化学現象を観察する好奇心の育成、さらに彼らの基本的な研究方法の手助けだけです」。

奇奇《チーチー》は車に乗っていたとき、あまりにも話に夢中になっていたので、運転手が突然急カーブを切った際、座席から通路に転がり落ちてしまった。だが、その格好は通路でも座ったままの姿勢だった。彼は何度考えてもその理由がわからなかったが、国語の先生が作文の作業の際にこのことを知り、理科・化学の先生に「転送」した。理科・化学の先生はそれを生活のなかで起こる例として用いて、慣性作用と遠心力、求心力などの観念をわかりやすく整理して教えてくれた。しかしその後遺症として、しばらくの間、子どもたちは車のなかでカーブにさしかかると互いを押し合う遊びに興じ、ついに運転手からクレームが出る騒ぎとなった。

滑車、てこ、歯車、仕事とエネルギーなど物理の基本的概念を討論したとき、先生は大きな組み立て玩具をいくつか持ってくると、子どもに組み立て式動力車をつくらせて、誰が一番速いか競争させ、次に車のなかの構造や工夫などを検討した。

子どもたちは歯車の歯の数、つまり輪の円周の長さがもたらす作用をよく理解しなければならなくなった。この種の組み立て車が走るためには、効果的な減速器をつくるために、どれだけ小さな歯車を利用してどれだけ大きな歯車を動かすかがキーポイントだといわれている。大きな歯車で小さな歯車を動かせば、飛ぶように前進すると思ったら大間違いだ。なぜならモーターの回転が速すぎ、力が小さすぎて車はどうやっても動かないからだ。

学園で一時期、大人気となった「ニワトリの卵落としイベント」はかなり笑える遊びだった。先生は子どもに効果があると思えるさまざまな包装の方法を考案させ、卵を包んで屋上から落とすのだが、決して卵を潰してはいけない！　子どもたちは毎回、卵の割れた位置と原因を探求し、何度も改良を加えた。初めて卵が無傷で落下したときには、子どもたちは包装材料と包装方法による、衝撃力の吸収についても学び取っていた。

そのほか、プラスチック、石けん、人工水晶、冷凍フルーツや野菜、水素、二酸化炭素の製造など、おもしろく、おいしい活動があって、どれもが子どもたちを熱狂させてきた。

最近、台湾のあるメディアは「人工冬眠」の技術について報道した。理科・化学科目で物質の冷凍は外側から内側に向かうということを十分認識している白雲は、断定するように言った。

「それは不可能だね！　現在の技術では冷凍専門会社はどうしたって人体と頭部を瞬間冷凍することなんてできっこない。だから内側の細胞のなかの細胞液が冷凍過程で突起状に変化して細胞核を貫いてしまう。そうすると20～30年後にその人体が解凍されたときには、その人はただの死人でしかない。どうしたって生き返ることなんて不可能だ」

こんなに素晴らしい頭脳があるなんて！　私は思った。誰かがこの子たちのお金をだまし取ろうとしてもほとんど不可能だろうと。

第11章

生活と芸術

生活自体が一種の芸術だ。誰もが生活を鮮やかに彩る芸術家だ。もちろん子どもだって例外ではない。思いのままに筆をふるった彼らの素晴らしい傑作に、誰もが目を見張る。種子学園における私たちの希望は、子どもを指導し、彼らの心に眠っている欲望を解き放ち、芸術の殿堂に導き入れ、芸術のもたらす満足感と喜びを享受させ、さらには生活のさまざまな領域に芸術を行き渡らせることで生活の質を昇華させることだ。だが、今はまだそれを語るのは早すぎる。子どもは焼き上がったばかりの柔らかでおいしいケーキに大喜びし、その顔は作業に酔いしれる者の満足の光で輝いている。こんな単純な喜び、それは人の心を奮い立たせてくれる。

1　みんな芸術家だ

「威威《ウェイウェイ》？　あれ、威威はまた授業、忘れてるよ。誰か美術工作室に行って彼を探してくれない？」

秦《チン》校長の同意をもらい、保留していた校長宿舎を借りることができたので、小さな3部屋ばかりの宿舎は種子学園の芸術天国へと生まれ変わった。先生と子どもたちが協力して美術工作と音楽の開放教室をここに移転するとともに、河原の石や手書きの帛画《はくが》（訳注：平織りの絹に描いた絵画）、形状の異なる楽器を利用してこの天国に飾りつけを施し、風情溢れる快適な場所へと変貌させた。

時間は、ここではその歩みをゆったりとさせる。子どもたちは静かに、あたりにあるさまざまな材料を使ってそれぞれの創作活動を楽しんでいるし、ある子どもは鉛筆を手にスケッチブックに絵を描く練習に励んでいる。宜珮《イーペイ》先生はこう話す。「このような独立した工作室があるので、子どもは授業で学んで得たアイデアをここでさらに拡げていけます。子どもたちみんなが大きく成長しているのは明らかです」。

本学園の美術工作科目は3レベルに分かれている。第1レベルでは、活動や遊びを通じて、この天国と触れ合ったばかりの子どもがたくさんの美術の媒体に詳しくなって、美術への興味を高めることを狙いとしている。第2レベルでは、テクニックと芸術の深さの面で強化する。第3レベルでは美的感覚を磨き上げることに力を注いでいる。

私たちは子どもに段階を踏んで理解してほしいと思っている。「美」は絵筆を通じてのみ体現されるわけではなく、絵が対象物に似ていなければいけないわけでもなく、実際には生活の場のどこにでも「美」が散りばめられている、ということを。だから、美術工作2と3の子どもたちは、たくさんのテーマ別討論と芸術鑑賞、校外での「美への訪問」活動に参加している。子どもたちはこのような授業が好きだったので、その3種類の活動すべてに参加する子どもや、授業がないときでも美術工作開放区にいる子どももいて、ここは学園全体で一番人気の開放区の1つだった。

学園の先生たちも何もなければここでぶらぶらするのが好きで、ついでに1つ、2つ自分が好きなもの、たとえばお守りのブレスレット、窓に張りつける切り絵や、羊毛の塊をいくつか使って、フェルトの小袋などをつくってくれた。それらはどれも生活をおもしろくする手づくり芸術品だ。理科の先生に至っては子どもを連れて落書きされている壁の上にさらにヤマムスメ（訳注：台湾固有種の鳥）、ヤマセミ、オウチュウ（訳注：長い尾の先端がY字に分かれている鳥）などの絵を描かせた。国語の先生も子どもに折り紙の本を設計させた。これらはどれも教育の観点から美術に関連づけて腕を振るったものだ。

宜珮先生は美術科専攻ではなく、大学では会計学を学んでいたが、本学園に来てから美術工作こそが本当にやりたいことだと気がついた。そこで自分なりの方法で、自分自身を憧れの美術教師に変貌させたのだ。現在、作業場である美術工作室には彼女のすらりとした姿が見受けられる。学びながら教えるという生活は、子どもへの美術教育に対する彼女なりの見方を形成させたようだ。

「以前、私は初歩レベルの子どもが一番教えやすいと思っていました。なぜなら、ただ一緒に遊べばいいだけだと思っていたからです。しかし、すぐに気づきました。子どもはそうではないのだと。子どもを芸術の殿堂に進ませようとするなら、いかに彼らに心のなかの〝琴線〟を探し出させるかが問題になります。それには本当に頭を悩ませます。だから、美術工作1の授業ではたくさんの先行活動があります。そうすることで、子どもがつくり出す作品に豊かな感情が含まれるのです」

そんなわけで、彼らは『ジャックと豆の木』の絵本を制作するときには、高さの感覚を得るために、ほかの道具はまったく使わず自分の身体だけで劇を演じた。高く、高く伸び続けるエンドウマメをつくるため、子どもたちは自分たちの身体を積み重ねて高さを表現する。まだまだ！　もっと高く！　さらに高く！　心のなかに高さに対する憧れが生じてきたら絵を描き出す。先生が何も言わなくとも、子どもたちは紙をはみ出してエンドウマメを無限の世界へと伸ばしていった。

美術教育の5大領域――絵画、デザイン、彫刻、工芸、鑑賞を網羅するために、宜珮先生はそれぞれの内容を含むように教育計画を設計していたが、子どもたちの好みには偏りもあったし弱点もあったので、教師の敏感さと個別の話し合いや指導による教育が必要だった。

先日、先生は美術工作2の子どもたちが静物に対する理解はとてもよいのに、動態変化に関してはまったくわけがわからない状態であることに気づいた。そこで、子どもたちのために身体の緊張とリラックスの体験、その観察を計画した。

ふだん運動が苦手な女子たちは違った動きをすることを要求された。身体をできるだけ伸ばしたり硬くしたりしていると、次に突然動かないように号令がかかる。少女たちはみんな口元を歪めてその場でじっと身体を硬くし、身体の内側の痛みと外側の硬直を感じ、リラックスすると、身体にはっきりとした筋肉の変化が現れるのを体得した。

その後しばらくの間、私は少女たちがバスケットコートの脇に座って観戦しているのをしばしば見かけた。彼女たちは試合の勝ち負けなど何の興味もない。ただ選手たちがボールを運びながら身をかわす動作、ボールをゴールに投げ入れるときの身体の変化を目で捉えていた。その様子は毎日、植物園でハスの花を見つめ続ける画家を思い起こさせた。私は待ち続けた。少女たちが絵を描くために、コートに入ってバスケットボールを始めることを。

子どもたちの「好き、嫌い」、「似ている、似ていない」という鑑賞の枠組みを取り払うために、宜珮先生は意識的に古典、現代、写意（訳注：絵画などで、形を主とせず、対象の内容・精神、さらには画家の精神性を表現すること）、抽象などさまざまな表現技法を授業中に討論した。子どもたちの目は鋭くなっていき、さまざまな作品に対して鑑賞することができるようになったとき、子どもたちはもうすでに芸術の国へと足を踏み入れていたのだった。

「教師の立場ではなく、自分も楽しもうという気持ちで子どもたちといろいろな作品について討論するとき、私は満足感を感じるし、楽しむこともできるんです」。数日前に開かれた国立台北教育大学百年美術展の画集を繰りながら、子どもたちと一緒にポスターから作者の心境、思想、当時の社会情勢、政治的世相についてどのように話し合ったかを、宜珮先生は私に細かく伝えてくれた。私はこのような美術教育こそが生きた文化教育なのだと感じた。芸術に従事する者の人文学への気遣いとは、彼らが生み出すすべての作品、あらゆる創作活動によって表現されるのだ！

たった2年のうちに、種子学園の芸術教育がこれほどの進展を見せるようになったのは、喜ばしいことだ。このことは私たち教師の自主的な考えとやり方に対する自信を深めてくれた。

美術工作科目の教師と子どもたちには小さな願いごとがある。機会があったら、この山の外で小さな美術展を開くことだ。そのときには、みなさんのご来場をお待ちしています。

2 自主的学習のなかの音楽空間

種子学園の音楽科目は誰も予想もできないような紆余曲折の歴史を辿ってきた。

学園創立まもない頃、私たちの音楽教師は学園創立の親とも呼べる素晴らしい人だった。美人の邱《チュウ》先生は家にあった楽器を学校に運び込み、小さな楽団を組織した。身体、リズムと音楽を結びつけたこの授業はすぐに子どもと保護者のお気に入りになった。みんな音楽の天地のなかをゆったりと漂いながら、心と身体の体験をもとにさまざまな音楽創作に挑戦し、合奏の腕を伸ばしていった。木の笛を吹きながら子どもたちを教室に誘う邱先生の姿は、まるで童話のなかの笛吹きのようで、人を未知のワンダーランドへと誘っているかのようだった。

残念なことに、この美しい邱先生は1年で学園を去ってしまった。「素晴らしい先生を知ってしまうと、ほかは目に入らない（訳注：原文は「曽て滄海を経るに水を為し難し」で、唐の元稹の詩の一節）」という状況にあって、本学園ではそれ以後、正式な音楽教師を置かなかった。常設の劇団はあったし、劇団の先生もずっと「音楽と幻想」という鑑賞と創作のクラブを設けていたほか、数名の音楽好きな先生もそれぞれがクラブを任されていたし、通学時にも車内で子どもたちと一緒に歌を歌っていた。だが、みんながより素晴らしい音楽科目を望んでいたし、合唱団や楽団をつくることも共通の願いでもあった。

とはいえ、願いは願いでしかない。小人数の生徒、高い異質性、遠い僻地にあるキャンパスに加え、安い給料——こんな状況にあっては、願いは私たち心の奥深くに埋もれさせるしかなかった。毎学期、カリキュラムに対する討論の場では、必ず誰かがこの問題を提議する。そしてみんなのため息が漏れる、これが習わしだった。だが、今学期になって、私たちはとうとう待ち焦がれた音楽教師を、クラス担任をせずに教科だけ専門に教えるという兼職の形で招き、この願いを叶えることができたのだ。

叔好《シュウハオ》先生は学園生徒の保護者で、美術、音楽、それに舞踊にも長けており、子どもに対するアートセラピーにもとても詳しかった。もしアメリカに赴きトレーニングを受けるという計画に支障が生じていなかったら、私たちは彼女の支援を望むことはできなかっただろう。

叔好先生の科目計画は学園の教師たちの手本となった。彼女は音楽鑑賞を主軸に、人文、自然、理科・化学、演劇、美術などの科目を組み入れ、校内のイベントや校外教育などを活用しながら、科目単元ごとに各子どもに適した速度と進度に沿って効果的学習を進めることで、知能、年齢、教育条件の異なる子どももみんなが音楽を楽しめるようにした。

音楽科目の子どもが台北市交響楽団を訪問するために、叔好先生が私にその訪問に関する事前教育を依頼してきたことが思い出される。テーマは「どうやって訪問するか?」で、内容は事前準備、電話予約の礼儀とテクニック、現場での注意事項、および報告書の書き方などであった。

私と子どもとの討論のなかで、叔好先生はどの子どもの話に対しても細やかな気遣いや反応を見せていた。消極的な子どもには自分から話せるようにうまく持っていき、反応の遅い子どもの考えにも、ごく自然に寄り添ってくれた。1時間の授業が終わったときには、訪問に同行する必要はない、と確信できた。今回の訪問は、極めて多くのことを学べると同時に礼儀正しく行われ、訪問するほうもされるほうも、楽しいものとなるだろうと、私にはわかっていた。

「私の授業は結合的にデザインされています。大人たちが達成を望む目標を含んでいますが、私は子どもに自主的な方法で作業をさせようとも思っています。つまり単元ごとに難易度が違う練習問題シリーズを準備して、自習センターに置いておき、子どもたちは自分に合った速度とレベルで作業を行います。私は1人ひとりが少なくとも80%以上終えることを望んでいます。もっと多くを学びたい子どもには、彼ら自身で学習内容の枠組みをつくり直してもらい、たくさん学んでもらいます。逆に作業がおぼつかない子どもには、時間を取って彼らと一緒に最も基本的な内容を習得させます。と同時に、学びの雰囲気をつくり出し、子どもが自然と音楽の殿堂まで進んでいくようにする、それこそがこの授業の本当の目的です」

最初のほうの単元、「心身と音楽の遭遇」、「楽器はどうやって音を鳴らすか」、「交響楽団の1日」、「音楽の形式と応用」では、叔好先生は結合的なやり方で授業を指導していったが、最後の単元「モーツァルトを知る」に至ると、子どもたちにやりたいことを提出させて、テーマを選択させ、一緒に授業をつくっていった。狙いどおり、子どもたちはモーツァルトの生涯、歌劇、ワルツなどを自分で調べ出してきて、この単元での授業の進行方法、討論内容を先生と一緒に決定した。

叔好先生は、期待して、責任を持つという学習であってこそ、子どもに自分の意思と努力を理解させることができ、自立した自主的な学習能力をも徐々に育成するものだと考えている。これは学園のほかの教師の主張とは少し異なるところがあって、みんなに討論と考察の機会を新たに提供している。私もしばしば彼女とは教育の考え方や心得に関して意見交換をしている。

「学園での授業では常に驚きがありますね」。叔好先生は、生徒について話すとき、まるで自分の子どものことのように誇らしげだ。「前回、音楽を聴いたとき、子どもたちはピアノの音がしただの、ラッパの音を聞いただのと言ってきたけど、突然魯魯《ルールー》が〝低音〟が聞こえたって言うんで、私は尋ねたんです。〝音楽での低音は何をするの？〟と。すると彼はこう答えてくれました。〝高音を引き留める〟と。どうですか！　子どもたちは自分の言葉で音の感覚を伝えてくれるんですよ。彼ら自身の深い体験に基づいて低音の安定感と伴奏効果をそう表現しているんです」。

気分が沈むときはありませんか？「もちろんありますよ！　子どもから宿題が戻ってこないとき、一番落ち込みますね。授業をするときは、教師はいつでも何らかの反応を求めていますからね。だから、私は原因を聞いてみましたが、宿題の書く形式が気に入らないとか、宿題が多すぎてストレスがたまる、または宿題に関する悪い習慣によって引き起こされていました。こんな状況には個別に対処していけばいいのです」。

2か月という短い期間で、叔好先生は授業準備時の慎重さと緊張を伴う気持ちから一転して、子どもたちと一緒に音楽の知識と美の旋律を楽しむ、そんな気持ちへと変化していった。彼女はこのような仕事のやり方を気に入ってくれていて、さらには保護者の協力も仰いで、小さな音楽図書室も開設してくれた。そこには書籍、ＣＤ、ビデオ、録音テープ、ＤＶＤなどが備わっていて、全校生徒の閲覧に提供されている。熱心な保護者はさらに音楽の常識に関する絵本をテープに録音し、低学年や聴覚のサポートが必要な子どもに音楽の物語として提供している。

学期末には音楽科では大きな楽器、楽理（訳注：音楽の理論）、歌唱のビンゴゲームイベントの開催と同時に、「古筝《グーヂェン》（訳注：中国の伝統的な撥弦楽器）の問診調律大会」も開催した。演劇では「ピーターと狼」という自作の操り人形劇とタイヤル族歌劇も演出した。

私自身、自分は先に立って歩き、教えながら学び、流れに任せてきたごく普通の教師に過ぎない。教育理論に精通し、教育効果を実際に出せる、こんな教師と出会うと感服するしかなかった。種子学園の一番いいところ、それは積極的に信頼を寄せること、そして寛容で包容力のあるところだろう。だから、さまざまな人たちが参加してくれて、私たちに常に異なる視野を提供してくれている。

私は信じている。この環境のもと、子どもだって大人と同じく、学び得るものは授業内容だけではないということを。

3 自由な生活を送れる家となる

授業が終わり、席に戻ると、机の上に美しく手書きされたカードが1枚置いてあった。そこにはこう書き留められていた。

「12月23日午後3時、102教室へのご来訪をお待ちしています。アフタヌーンティーをご賞味ください」

署名は料理科目の子どもたちだ。またもやごちそうになれそうだ。

時間になると、予定どおり、子どもたちがオーブンから大きなケーキと大皿数枚に盛られたエッグタルト、ビスケットを取り出した。それとともに豊饒な香りを漂わせているフルーツティー、切り分けたグアバ、美しいテーブルクロス、行きかう数々の皿——まるで夏のヨーロッパのガーデンのなかに身を置いている幻想に襲われる。優雅にアフタヌーンティーを飲んでいると気持ちがほどけて、もはや隣の図書館で進められている煩わしい内装工事のことなど頭のなかからすっかり消えてしまっていた。

学園創立から今に至るまでずっと、生活と工芸に関わる科目は子どもたちから大好評だった。

以前ある子どもがこう私に話してくれたことがある。

「国語、数学は確かに重要かもね。だけど料理、ヒューズの交換、服の補修、農作業や養殖ほど大事じゃないよ。この世界がある日突然、変わっちゃうことだってあるかもよ。そうでしょう？　だからぼくたちも1人で生きていく術を知らないといけないよね」

こんなに遠大な考えを持っている子どものために、前学期、学園では料理科目を開設し、その名称を「パパもママも家に不在」とした。授業内容は正真正銘、正式な調理法で、米の選び方、炊き方、レシピの読み方、メニューの書き方などに始まり、実際の調理、ビーフンの炒め方、麺の打ち方に至るまですべて教えた。この科目を履修する子どもたちは月曜日にお弁当は持ってこない。できるだけいろいろな食事を自分たちで調理して食べ、満足したいと思っていたのだ。

先生は子どもたちが何をしようが禁止しなかった。ただ彼らがその単元にふさわしいメニューを提出し、班の人数に見合う分量を計算すると、先生はただうれしそうに傍らから最低限の技術指導と手助けをするだけだ。そして班ごとに食事ができるのを待って一緒に楽しむ。

「どれもこれも総合的学習となります」。学園長は参観者に説明する。「見てください。子どもはまず自由時間をいかに利用するかを学ぶ必要がありますよね。そしてみんなで討論してその週に調理するメニューを決めるのですが、みんなでうまく話し合う必要があります。レシピを理解する、これ自体が一種の読解能力ですし、メニューを書くのは文字を書く練習。買い物をする人と調理する人にわかってもらえるように、効果的に文章を表現することが要求されます」。

「食材の分量を量るには数学を使いますし、調理の手順を書き記すには論理的思考が必要となります。そして実際に手を動かして調理するにはたくさんの筋肉を動かし、用具をうまく使いこなさなければなりません。水や火、たくさんの調味料の使用は、物理と化学の基礎知識を活用することですし、6人編成の班が2時間の授業のうちに完成させなければいけない食事の調理には、分業と協力を学び取ることが必須です。各班で調理成果を一緒に味わうことは評価と鑑賞にもつながります。しかしこれらはどれも一番大切なことではありません。大切なのは、子どもが自覚を持って何かを成し遂げることです。彼らは仲間と一緒に食材から調理まで完成させることができ、その過程と成果を一緒に楽しむことができるのです」

これは国語科目で共同して編集する学園刊行物、美術工作科目のみんなで完成させる中庭の彫像、木工科目のテーブル制作、福利クラブでの売り買い、そして斧を振るって基地を築くことなどと同じだった。子どもが持っているすべての知識を利用し、できるだけ満足できるレベルまで達すること、つまり「美」の段階まで到達することが必要なのだ。

これもさまざまな行為をする理由でもある。たとえば、自分の仕事を愛する職人がテーブルの曲線を何度も磨き上げること。医者が病人に心からの同情と手助けをすること。音楽家が人の心を揺さぶるような奥深い組曲を奏でること。教師がただの知識の伝達者ではなく、精神面や外的制約の影響を理解し、子どもが冷静に恐れることなく生活のなかの矛盾に立ち向かうことができるように助けることなどである。

生活することとは現実の必要性に対応する供給であって欲望の充足ではないことを、私はずっと子どもたちに理解させたいと思っていた。社会の価値観に則った生活では、際限ない欲望が心に生じざるを得ない。現代の消費主義社会では権力、名声、虚栄が強調され、五感への刺激が追求される。だが、生活に対するこのような態度は人々の心に強い欲望を生じさせやすい。それはそのまま挫折、嫉妬そして無益な競争を生み出す元凶となる。

しかし、生活そのものは本来非常に単純で、喉が渇けば飲み、お腹が空いたら食べる、そういったもののはずだ。シンプルな生活は人の心に自由と健康をもたらし、貪欲や恐れもなくクリエイティブな活動に従事することを可能にし、このような生活によって真実の喜びと優雅さがもたらされる。学園の先生はほとんどがこの種のタイプに属し、こうした生活態度によって、または行いによって、家庭と子どもによい影響を与えることを願ってきた。

想像してほしい。子どもたちが自分の職業を選択するとき、規範的内容に縛られることなく本当に好きな仕事に取り組むことができるとしたら、彼らはその仕事から受けるすべての挑戦と喜びを享受することができるだろう。さらに彼らは未来に生じるであろう挫折を乗り越えられる。なぜなら、彼らが追い求めるものはすでに自分の欲望を満足させるものではなくなっているからだ。彼らはもう社会的な価値観念に基づく成功の基準に縛られることもないし、自分の好きな仕事をしながら立身出世の道を確立することもできる。このような人は愛に満ち溢れた新しい世界を創造し、現代社会に存在する衝突と分裂をも根本的解決に導ける。

だが、今はまだそれを語るのは早すぎる。子どもは焼き上がったばかりの柔らかでおいしいケーキに大喜びし、その顔は作業に酔いしれる者の満足の光で輝いている。こんな単純な喜び、それは人の心を奮い立たせてくれる。

「もう1杯、お茶をいただけるかしら」。私は心から感謝しながら子どもたちにこんなお願いをして、照り映える陽光に包まれながら祝福に溢れたカップを受け取った。

4 万里の道を行き、万巻の書物を読む

大旅行だ！　大旅行だ！　みんな、旅行の準備をしてください。そろったら出発だ！
毎学期に1回、種子学園では4泊5日の大旅行が実施され、先生と子どもたちがみんな同じ地域に滞在して、その場所に対する徹底した見学と学習を行うことになっている。私たちの考えでは、歴史、地理、郷土の教育において肝要なことは、子ども自身に体験、あるいは感じさせることであり、授業時間での単なるお話だけで終わってしまえば、小学生の年齢層の子どもたちにとって自分とは関係ないあまりにも遠いものとなってしまう、というものだった。だから子どもに付き添って、私たちを育ててくれた郷土を自分たちの脚で一歩一歩訪ねていくことにした。

創立に携わった親たちは本当にこう考えたことがあった。学園の子どもをいくつかの「遊学団」に組織する。そして毎年、春、夏、秋、冬の4シーズン開講制にして、夏と冬の2シーズンは校内での学習に努め、春と秋の2シーズンにはいろいろな場所に見学に出かける。見学に行く前に、当地の人文、景色などを書籍で読んで詳しく知り、次に遊学計画を学び、最後に実

地調査を行う。このようにすれば、6年間で子どもの見識、生活上の対応能力、人との交際能力などに大きな収穫が得られるだろうと、私たちは信じていた。

残念ながら、この素晴らしい構想は従来の学制との間で大きな隔たりがあったため、実現にこぎつけることはできなかった。今、振り返っても残念でならない。


遊学団はだめでも、「万里の道」をあきらめるわけにはいかなかった。そこで、学園創立後、初めて迎えた夏に、教師たちは台湾を12地域に分けて、毎学期1つの地域を選んでいくことに決めた。学園計画の準備期間、私たちは台中、彰化《ジャンホワ》（訳注：台湾中西部の県）に行ってみたし、陽明山国立公園《ヤンミンサン》（訳注：台北市街に隣接し、大屯火山群からなる国立公園）では火山地形を探索してみた。

正式な実験計画が始まると、全校の教師と生徒らの足跡は、宜蘭平原《イーラン》（訳注：台湾島北部の宜蘭県にある小さな平原）、墾丁国立公園《ケンディン》（訳注：台湾で最初に指定された国立公園。台湾最南端にある恒春半島に位置する）、太魯閣国立公園《タロコ》（訳注：行政区画上は花蓮県、台中市、南投県に属している）、嘉南平原《ジアナン》（訳注：台湾南西部に位置する平原）、そして東北角海岸《ドンベイジアオ》へと伸びていった。

澎湖諸島《ポンフー》（訳注：台湾本島の西方に位置する台湾海峡上の島嶼群）、蘭嶼《ランユー》（訳注：台湾本島の南東沖に位置する孤島）などの離島、桃竹苗大地《タオヂューミアオ》（訳注：台湾西北部の桃園市、新竹市、新竹県、苗栗県を合わせた名称）、玉山《ユイサン》国立公園（訳注：玉山を中心に南投、嘉義、花蓮、高雄の県にまたがる、10万5490ヘクタールに及ぶ生態保護区）、花東海岸《ホアドン》（訳注：花蓮から台東に至る美しい海岸線）、南投《ナントウ》（訳注：台湾本島の中央に位置する、台湾では唯一海に面しない内陸県）、高雄《カオション》（訳注：台湾南部に位置する大規模な港湾都市）などの地区がまだ私たちの訪れを待っている。

私たちの予想では、1年生で入学してきた子どもは6年間で台湾をすべて回ることができるので、卒業のときにはこれらの土地に対する基本的な認識を得られると考えていた。実際、毎回の大旅行が終わると子どもたちはこう言う。「今年の冬休みか夏休みには、お父さん、お母さんと一緒にここで遊ぶよ」。短い時間で多くを巡る観光と、知識も感覚も備えた旅行とは大きく異なる。もしかすると子どもたちは、なぜ学校で出かける旅行がこんなにおもしろいのかわからないかもしれない。だが、彼ら自身に帰属する思い出が至るところにあることを、彼らは知っているのだ。

「あなたたちのしていることは大きなリスクと面倒を抱え込んでいますよ！」と言う人もいるだろう。だが、本学園の教師たちの考えは一致していた。「楽しいじゃないですか！」

まず自分たちでおもしろく感じる、これは学園の教師たちにとって仕事に対する情熱を維持する重要なコツであった。しかし、豊かに、自由に、安全に楽しむためには事前準備が必要だし、事後の反省と大人たちの落ち着いた心情が必要だった。子どもの安全をあまりに心配しすぎたり、教育成果を気にしすぎたりすると、すべてがパンパンに張り詰めすぎて、まったくおもしろ味がなくなってしまう。

最近終わったばかりの東北角海岸の旅と前学期に行った嘉南平原校外学習を例に取れば、大旅行では「自然と人文」という2大テーマをあらかじめ定めて、異なる訪問形式を採った。1つのテーマは理科の先生が主に講義を受け持ち、芸術と国語の先生がもう1つのテーマを担当する。さらに、当地の熱心な歴史学者、鄭道聡《チエンダオツォン》先生に全行程の案内と解説をお願いした。1年生から6年生までの年齢層の子どもの異なる要求にいかに応えるか、それがこの旅行教育の成功のカギを握る重要な要素であった。

宜蘭では、大きな子どもたちがあちこち見学しているとき、退屈で我慢できなくなった小さな子どもたちは冬山河《ドンシャンホー》親水公園（訳注：1994年に完成した公園。水上スポーツが楽しめる）で水遊びをしていたし、台南五妃廟（訳注：5人の妃が祀られている台南の国定古跡）では、中高学年の子どもたちが明末の亡国を偲んでいるときに、低学年の子どもたちは廟の前に生えている何本かの大きな木を見て「充電柱」（訳注79ページ）をして遊ぶのにすごくいいな、などと思っていた。

太魯閣360度劇場では、みんなが原住民の狩猟の歳月と荘厳で華やかな美しい自然の説明に酔いしれているにもかかわらず、一部分の子どもはステンレスの仰視鑑賞用の骨組みに見とれていた。先生たちはもう達観していた。「子どもたちの学習はもともとそれぞれ異なるものだし、こちらではたくさんの学習機会を提供しているんだから、子どもがどれだけ学ぶかは、あいつら次第だな！」

先生たちのこんな態度は以前に一度、無責任だと批判されたこともあった。しかし私たちが何とか大人の期待どおりに学ばせようとすると、旅行自体が苦しいものとなってしまった。したがって、やはり心の声に従うことに決め、事前準備をしっかり整え、出発後は運任せにしたのだ。

知識と関係のある見学と学習のほかに、旅行学習の別の主要目的は、自立した生活の形成だ。どうやって荷造りするのか、初めて家を離れた思いをどのように整理するのか、旅行中をいかに楽しく過ごすか、これらも重要な内容となる。

本学園の初めての校外旅行は本当に記念すべき体験だった。ある子どもたちは片づけというものをまったく知らず、泊まった部屋はほとんどゴミ捨て場と化していたし、小さい子は1人ではお風呂にも入れなかった。またある子どもはテーブルマナーをわきまえておらず、料理がテーブルに運ばれるや否やすぐに箸を伸ばして争って食べ出した。毎回の集合時には先生たちがあちこち走り回って子どもを探さなければならなかったし、旅館を出るときには先生が最後の確認のために各部屋を見回ると、忘れ物が山のように出てきた。しかし5日目になると子どもは目に見えて進歩してきた。そして2年目に改めて彼らの行動を見てみると、見違えるようによくなっているのだった。

「旅行に行かなかったら、こんな生活上の問題がこれほどあからさまになっていなかったでしょうね」。親との面談で、大人たちが共同でこの問題を直視するようになると、自然とみんなで協力して解決策を練るようになった。このことも、種子学園が問題の発生を恐れない理由なのだ。

種子学園に関心を持つ多くの人々は、学園の明らかな変化を見出すと、学園の未来の姿により関心を持つようになる。私たちが一番恐れているのは昔の印象を抱いたまま批判されることだ。努力と改善には目を閉じてしまう、それではずっと成長を続けてきた種子学園にとって、あまりにも不公平ではないだろうか！

5 熱気むんむんの「市場」の様子

もうすぐ今年も終わりを迎える。農閑期を利用して、みんなで日時を定め、それぞれの家が米を2袋担ぎ、ニワトリを3羽持ってくる。市場では自分のために布2巻きほど買うが、子どものためにはかご入りのコオロギでも買ってあげるか。あっちで絵を眺め、こっちでは犬を散歩させる。水瓶が壊れているから修理でもしようか？　鋤《すき》の頭の部分が緩くなっているけど鉄を隙間に埋めておいたほうがいいかな？　どこかの家の黄梅《オウバイ》がきれいに咲いたらしいよ。張さんの家の赤ん坊がこんなに大きくなったなんて！

伝統的な市場のイベントは種子学園の創立に関わった親たちの憧れだった。なぜ二十四節気に合わせて暮らしていけないのだろうか？　それに媽祖生《マツ》（訳注：媽祖は、航海・漁業の守護神として、中国沿海部を中心に信仰を集める道教の女神。媽祖生はその生誕日）、クリスマスを加えて中国・西洋折衷で祝えば、歴史、地理の教育も進むというもので、絶対におもしろいだろう。みんな、大樹の下に座って学園の未来を描いていた。まさに天馬が空を翔けるように、私たちの思いも空を駆け巡っていた。

こうして「市場」が本学園の伝統イベントの1つとなった。毎学期、学園では元宵節《ユアンシャオジエ》の猜灯謎《ツァイドンミィ》（訳注：191ページ）や端午の節句のちまきづくりのような大きなイベントが必ず何回か催され、そのときは日頃の生活のリズムなどは打っちゃって、遊びほうける。

2年前、長青では大きな室内運動場の床に商品を広げて出店をしたことがあった。たくさんの家庭が得意なものを持ち寄った。たとえば、ろうけつ染め（訳注：模様部分を蝋で防染し染色する伝統的な染色法）を教えたり、再生紙をつくったり、糖葫蘆《タンフールー》（訳注：サンザシなどの果実を串に刺し、飴をからめた北京周辺の中国北部に起源する菓子）を売ったり、ダーツをしたり、石膏をこねたり、スライドを見たり、占いをしたり、演武をしたり、マジックをしたり……といった具合で、何か出せるものがあれば、学園はどれも大歓迎だった。

手に花かごを持って、ローラースケートを履いた女の子たちが会場を所狭しと滑り回る。2階では笑い声がさざめき、階下のプールからは水が跳ねる音が聞こえてくる。誰かが輿に乗ったのだろう、ひと声かけると卓球の試合が始まった。負けるものか。プールでも試合が始まりそうだ。誰が波裏白条《ろうりはくちょう》（訳注：泳ぎの達人のこと。『水滸伝』の登場人物、張順のあだ名）なのか見てやろう。

日々の暮らしのなかで何かよいきっかけがあれば、全校に動員をかける。たとえば、舒跑《シューパオ》先生が結婚するときがまさにそうで、忘れがたい思い出として残るこの婚礼は新たな境地を開いたものだった。今になって思い返してみると、美しい花嫁が舒跑先生に学校まで車で3時間もかかる道のりを毎日通勤するのを認めてくれたのは、この婚礼が関係していたのだろう。

アブラギリの花が咲き、春も終わり夏になろうとする時分、みんなは舒跑先生には明かさずにこの行事を執り行おうとしていた。生活討論会の席では、鬧洞房《ナオドンファン》（訳注：新婚夫婦の新居の邪気を払い陽気な雰囲気を充満させるために行われたもので、新郎新婦は言うことを聞かないといけない）をやりたいと主張する者、歌を歌おうと言う者、伝統に則って婚礼の式を挙行すべきだと言う者、もっとロマンティックなものがよいと言う者、さまざまな意見が出された。最終的に婚礼を3段階に分割して挙行することに決定し、みんなの希望が満たされる形となった。

婚礼の当日、舒跑先生と花嫁が車から降りると、2人の頭は花輪で飾られ、可愛い子どもたちがリンゴ、ミカン、ピーナッツ、リュウガン（訳注：龍眼。台湾では一般的な果物）などを新婦に捧げ、同時に紅包《ホンパオ》（訳注：ご祝儀）に見立てたものをねだった。

道を1つ曲がると、学園へと続く坂道は雪のように真っ白なアブラギリの花が敷きつめられていた。道を飾る花々は子どもたちが朝早くに山から拾ってきたもので、その道の両側には釣りキチたちの隊列が並び、紙でできた花をあしらった釣り竿を掲げてアーチを築いていた。花嫁が赤いカーペットに足を降ろすと両側の人々からアブラギリの花が雨のように降り注ぎ、地面に置かれた、紅い紙で包んだ石の1つひとつには、祝福の言葉がびっしりと書き込まれていた。

思いもかけなかったことに、大小のいたずらっ子たちが花嫁を奪い去り、小屋のなかに閉じ込めてしまった（何名かの女の子が花嫁に付き添っていたので、木の窓から外を見ることができた）。勇敢な舒跑先生が義勇軍の支援のもと、躍り出た。両軍は水鉄砲や水爆弾を使って戦ったが、最後には舒跑先生が花嫁の奪還に成功し、凱旋を果たすことができた。

帰還した新郎新婦は着替えをして、心地よい椅子に座りながら子どもたちが特別に催してくれた演劇、歌唱、祝福、プレゼントを楽しんだ。「私も将来はこうしてもらいたいぞ！」未婚の胡子《フーズ》先生はすぐさま自分の校内婚礼を予約し、既婚、未婚の大人も、子どもも、みんなが幸福と喜びに満たされたのだった。

学園の大人たちが保守的なのだろうか、伝統的な民俗の節句になると、誰かが必ずアイデアを出して何かをする。元宵節では灯籠を飾り、端午の節句には香包《シャンパオ》（訳注：匂い袋。夏の厄除け）をつくり、中秋節には月餅を焼き、普渡《プードゥ》（訳注：無縁仏にお参りをする儀式）では精霊流しをするという具合である。みんなが忙しくてどうしても何もできないときにも、誰かが節句にマッチした寸劇などを用意周到に準備してみんなを慰労してくれた。西洋のイースターやクリスマスなどは逆に子どもたちが先生に何かをしようと呼びかける。何かしたいなら、みんなで望みを叶えるまでだ。とりわけ毎日午前中のホームルームの時間には小さなクラス活動が常に行われている。

今学期は中等部の開設準備のため数名の子どもが学校に残っていたので、「市場」イベントの企画を立てるとき、世界的な文化の日をテーマにすることに決めた。中等部の7名の子どもたちが責任をもって、彼ら自身の人文研究とも結びつけながら立体的な展示を行うことになった。

きっとこんなことは想像できないと思う。たった40数名しか在籍していない学校で、各家庭から提供され展示した物品が、文物、玩具、工芸品、彫刻、衣服、化石など、なんと数百点にものぼり、その品物の原産地は五大州、100以上の国に及んでいたのだ。多くの人が、清王朝の聖旨、科挙の際に使用された香筒（訳注：線香を入れる筒）、ロシアのマトリョーシカ人形、蝋燭を点けると回る扇風機などの物品や、小人が次々と踊り出す玩具などを見て視野を広げ、楽しい時間を過ごすことができた。

文化を競う演武台では、国語の先生が準備した130個の賞品はすべて贈呈された。そのなかで40年代の抽抽《チョウチョウ》カード（訳注：トランプのカード引きゲーム）、戳戳《チョウチョウ》賞（訳注：いくつもの四角いマスの下にプレゼントが入っているもの）などのゲームも復活した。子どもたちはメキシコのピニャータ（訳注：メキシコや中南米の国の子どものお祭りに使われる、なかにお菓子やおもちゃなどを詰めた紙製のくす玉人形）を破って床に散らばる飴を奪い合って拾い、たいへんな興奮ぶりだった。軽快で明るいアメリカのスクウェアダンスも人気で、みんな疲れも忘れて3時間も踊り続けた。夜空に満天の星がかかる頃になって、やっとみんなは家族とともに家路についた。みんなでこんなふうに遊びつくす、それはなんて楽しいのだろう。

ああ、人間っていいな！

あとがき　安定と自由への思索

1年を費やした本書がもうすぐ脱稿する。1997年の春、世界も学園も過去を振り返りながら未来へと続いていく。

試練続きの3年間、種子学園を持ちこたえさせてくれた最大のパワーは、教育の第一線にいた教師たちだった。これらの若者たちのほとんどは学園創立時に来た者たちだ。学園が激震に襲われるたびに、教師たちはみなその渦中にいた。だが、理念的な争いや学園キャンパスの移動の苦労などが教師たちの職務続行の勇気を削ぐことはなかった。

前任や後任の学園長も、学園長の職を辞した後も教師団の1人となって教職を続けた。人々は私に、「なぜ種子学園の教師はこんなに安定していて離職しないのですか?」と尋ねてくる。私は相手の立場に立って答えることにしている。私たちは自分が何をしているのか知っていますから、きっとそれが大きな原因かもしれませんね、と。

何の映画だったかは忘れてしまったが、こんな場面があった。ある中年男が、重い病気に罹っている新婚の妻に連れ添って彼女の生涯で最後となる旅に出かける。死後、妻の葬式を済ませ、妻とその前夫との間にできた子どもを連れて、男は原っぱを散歩している。男はその子にこう告げる。「俺がまだ少年だったら、俺が選ぶのは安定だろうな。だけど、男としてだったら、俺は自由を選ぶよ」。

種子学園は創立されたものの、大部分の大人たちの考えも安定と自由の間を揺れ動いていて、教師たちの討論の重点も常にこの問題に集中していた。

主流の考えに迎合していれば、私たちが到達するであろう未来はわかりやすい。行き着く天地が好みに合うかどうかはわからない。だが、どのように対処すべきかくらいはわかるだろう。しかし、未知なる新たな道を歩み出すなら、目指す天地は雄大なものなのかもしれない。ただ、その道には底知れない未来への恐怖もつきまとい、往々にしてその恐怖に大人たちは足をすくませてしまうものだ。

最悪なのは、多くの人があれもこれも手に入れたがるということだ。つまり、自由の快感も得たいし、安定の保証も手に入れたい、さらには一足飛びに成し遂げたいときている。現在の種子学園のリソースとパワーではどうやってもこんな夢を叶えることは難しい。だが、誰もが現実の困難を受け入れ、あるいは体験したいと思うわけではない。そんなわけで、自由を追求し、新たな道を探ることによる苦痛は、種子学園の足跡に途切れることなく常につきまとうことになった。

キャンパスの開放、子どもの行動への尊重と約束、カリキュラムの制定と自主性、教育上の授権と懸念、共同作業者同士の受け入れと信頼――私たちは常にこんな輪廻の枠組みのなかをくるくると回り続けている。だが、この種の学校はどうしたってこんなふうにゆっくりと形づくられ、徐々に自分なりの姿と命を生み出していく。

「これは一種の〝共同作業〟なんだ。いいか悪いかは別にして、個々人が手を差し伸べて何かをするし、何らかの影響も全体に与えるんだよ。学園に存在価値があるなら、生存と発展のための空間は自然と備わってくるだろう。逆に価値がないなら、この学校は何かの縁があって創られたのだから、縁がなくなれば消滅する、それだけの話だ」。同じく創立に関わった親たちではあったが、「縁によって強くなる」、という心境と気持ちの度合いは各自で異なった。

今日では、極端にロマンティックな自由主義は学園には存在しない。大人たちは子どものためには安定の保証が必要であることを深く感じ取っていた。そのため、この半年間、教師たちは学校の法廷制度を利用し、子どもの生活や学習を正常に維持してきたといえよう。だが、私たちは「べきである」が「である」を凌駕してしまうのを避けなければと思っている。

どの子どもも独立した個性を必ず持っている。だから、大人たちは虚心に彼らを理解する術を学ぶべきだし、子どものユニークな個性を受け入れるべきである。さらに他人との関係性において、自由な心と自由を維持する能力を育めるよう、彼らに手を差し伸べる必要もある。

種子学園が実施するのは、一般的な知識教育ではない。さらには子どもに生きるための基本的能力を育成した後、彼らを現実世界に巻き込み、現在の主流の価値観を守る尖兵に仕立てることでもない。私たちが望むのはすべての子どもが生まれながらに備えている善への志向性や向上心をそのまま保ちながら、生活の本質を感じ取り、生命の変化の本質を理解できるようになること、物事を追求し探索する勇気を持つようになることだ。

そしてこれは子どもの資質とはまったく無関係で、家庭の社会的地位とも、実験学校か否かとも無関係だ。

この3年間、子どもの心のなかの恐れが自信へと変化していくのを、委縮していた子どもが美しく輝く姿に変わっていくのを、どれだけ私はこの目で見てきたことだろう。大人たちだって、子どもへの冷淡さがやさしさへと、距離が遠かった親子関係が子どもに喜んで向き合う姿へと変化してきたのを、どれだけ心で感じてきたことだろう。だが、同時に心配、依存心、恐れから退学し転校していく、あるいは生活環境の変化ゆえにやむを得ず離れていかなければならなかった私たちの友だちを、どれだけ見てきたことだろう。

また新しい春が来た。青々とした山の緑が映える石段を歩いていると、まぶたに浮かんでくるのは、芋虫基金会が学校創立に向けて初めての説明会を行ったときの光景だ。私たちに最大限の信頼を寄せ、支持してくれた尤清《ヨウチン》県知事、鄧運霖《ダンユンリン》局長と鄭端容《ジェンドアンロン》校長、見ず知らずの私たちに気前よく土地を貸し出してくれ、私たちに初めての住み家を持たせてくれた陳炳傑《チエンビンジエ》董事長（訳注：日本の会社の取締役会長に相当）夫妻、および各方面に働きかけてくれた学園創立当時の保護者たち、そしてこの学校の創立のために手伝ってくれ、後ろ盾となってくれ、さらにはみんなの発展を後押ししてくださった黄武雄《ホワンウーション》教授、朱建正《ジュージエンジョン》教授、楊茂秀《ヤンマオシュウ》教授など学術界の先生たちの姿だ。

みんなの思いはそれぞれ異なると思う。確かに苦労もあったが、こんなに多くの人が関心を寄せてくれて、実際には本当に幸せだった。全体的な教育環境が変化したおかげで、私たちの学園創立当時の楽観的見通しが正しかったことも明らかになった。だが、人間（私自身も含めて）は往々にして疲れきり、心が弱くなり、わけがわからなくなることがある。そんなときに支えとなったのは、生命に寄せる積極的な信頼だけだった。

学園の中等部はさまざまな現実的問題に邪魔され、しばらくは創設ができないでいるので、子どもたちは小学校卒業後、従来型学校に入学することになる（訳注：現在は中等部もある）。だが、もしも私たちの家庭（親と子どもを含む）が人とものの真相を見通せる目を宿しているなら、私たちの心は恐れからも束縛からも解き放たれ、この場所は必ずや平和と愛情に満たされたものになるだろう。

これは何も真新しい道ではない。ただ自分がその道を本当に歩いていきたいかどうか、それだけなのだ。

李　雅卿（リー・ヤーチン）
1954年生まれ。台湾南投県魚池郷出身。国立政治大学法律学修士。新聞「中国時報」で記者、雑誌「商業周刊」で編集者として８年間、ジャーナリズムに携わる。子どもの教育問題により退職し、管理と権威に満ちた伝統的な教育に対峙し、子どもに付き添う。台湾の教育改革に取り組み、「自主学習」を実践する実験小学校「種子学園」を創立する。初代校長。台北市独立学習実験プロジェクト（中学・高校６年）を立ち上げ、ユネスコから「アジアで最高のオルタナティブ教育の１つ」として賞賛される。台湾史上最年少で大臣となったオードリー・タンの母親。

ワン・チャイ
復旦大学などでの漢語研修を経て、博士号を取得。その後、北京大学に入職し、研究員として勤めるなど20数年間、中国に滞在。帰国後、会社役員などを務め、現在は、フリーランスの翻訳などに従事。2006年、HSK（漢語水平考試）高等A級（11級）合格（最高級）。研究論文50数本、単著２冊（中国語）、翻訳書５冊がある。星雲賞海外長編部門を受賞した『三体』（早川書房）三部作のうち第一部と第三部の翻訳を担当。

天才《てんさい》IT《アイティー》相《しょう》オードリー・タンを育《そだ》てた母《はは》の教育《きょういく》メソッド
子《こ》どもの才能《さいのう》を引《ひ》き出《だ》す

2021年５月１日　初版発行

著　者　李　雅卿
訳　者　ワン・チャイ
発行者　杉本淳一

発行所　株式会社日本実業出版社　東京都新宿区市谷本村町３−29 〒162-0845
大阪市北区西天満６−８−１ 〒530-0047
編集部 ☎03-3268-5651
営業部 ☎03-3268-5161　振　替　00170-1-25349
https://www.njg.co.jp/

印刷／理想社　製本／共栄社

ISBN 978-4-534-05848-5　Printed in JAPAN